# 臺灣歷史與文化 研究輯刊

十八編

第 14 冊

## 澎湖民間故事研究（上）

姜佩君 著

花木蘭文化事業有限公司

國家圖書館出版品預行編目資料

澎湖民間故事研究（上）／姜佩君 著 -- 初版 -- 新北市：花
木蘭文化事業有限公司，2020〔民 109〕
目 4+178 面；19×26 公分
（臺灣歷史與文化研究輯刊十八編；第 14 冊）
ISBN 978-986-518-194-9（精裝）
1. 臺灣文學 2. 民間故事 3. 文學評論
733.08                                              109010609

ISBN-978-986-518-194-9

9 789865 181949

臺灣歷史與文化研究輯刊
十八編　第十四冊　　　　　　　ISBN：978-986-518-194-9

## 澎湖民間故事研究（上）

作　　者　姜佩君
總 編 輯　杜潔祥
副總編輯　楊嘉樂
編　　輯　許郁翎、張雅淋　美術編輯　陳逸婷
出　　版　花木蘭文化事業有限公司
發 行 人　高小娟
聯絡地址　235　新北市中和區中安街七二號十三樓
　　　　　電話：02-2923-1455／傳真：02-2923-1452
網　　址　http://www.huamulan.tw 信箱 hml810518@gmail.com
印　　刷　普羅文化出版廣告事業
初　　版　2020 年 9 月
全書字數　263664 字
定　　價　十八編 16 冊（精裝）台幣 40,000 元　　水 版權所有・請勿翻印

# 澎湖民間故事研究（上）

姜佩君　著

作者簡介

姜佩君，台灣省台南縣人，中國文化大學文學博士，現任國立澎湖科技大學通識中心副教授。
著有《澎湖民間傳說》、《澎湖民俗概論》、《澎湖民間故事研究》及相關論文。為目前少數致
力於「澎湖民間文學」採集及研究之學者。

提　　要

　　本書為第一本研究澎湖民間故事之學術著作，針對澎湖地區之神話、故事、傳說等敘事性
口傳文學，做一全面性的探究。其中大部分是實地採錄所得的第一手資料或未刊稿，書中透過
類型分析，考察故事之流傳演變、傳播狀況，然後與其他地區同類型故事對照比較，彰顯澎湖
民間故事之特色與價值。本書資料齊全，為目前蒐集澎湖民間故事最多的一本著作，相當值得
參考。

# 澎湖縣行政區域圖

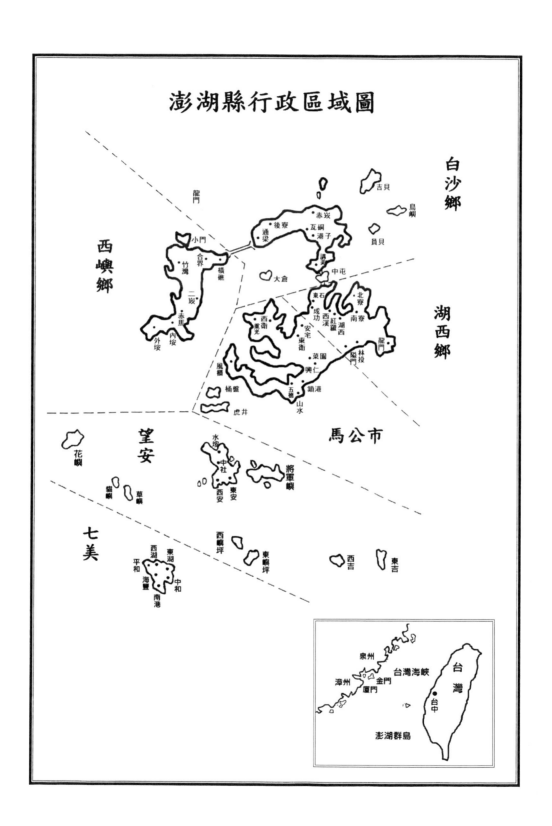

# 澎湖元宵節的各種乞龜

圖一：天后宮的大米龜　　　　圖二：山水上帝廟的黃金龜

圖三：山水上帝廟的黃金龜　　　圖四：脂片龜

圖五：金錢龜　　　　　　　圖六：蛋糕龜

# 澎湖的石塔、石敢當、五營

圖七：西衛的九層石塔

圖八：七美烏溝的金鷹寶塔

圖九：七美頂隙的九龍寶塔

圖十：吉貝的鐘形石敢當

圖十一：山水的五營

圖十二：菜園的五營（北營）

圖十三：蔡進士銅像

圖十四：蔡進士銅像近照

圖十五：興仁進士第

圖十六：興仁進士第

圖十七：蔡進士畫像

圖十八：蔡進士畫像

圖十九：蔡進士所題之匾額

圖二十：澎湖跨海大橋

圖二十一：七美望夫石

圖二十二：漁翁島雕像

圖二十三：七美人塚全景

圖二十四：七美人塚

圖二十五：七美人塚之碑文

圖二十六：馬公萬軍井

圖二十七：馬公四眼井

圖二十八：望安的仙腳印

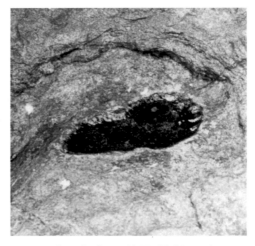

圖二十九：花嶼的仙腳印

圖三十：呂洞濱下棋石桌

圖三十一：小門的鯨魚洞

圖三十二：牛郎擔子圖

圖三十三：吉貝的木魚石敢當

圖三十四：馬公天后宮

圖三十五：馬公天后宮及七星橋

圖三十六：紅羅北極殿

圖三十七：赤崁龍德宮

圖三十八：井垵北極殿

圖三十九：西文祖師廟

圖四十：西溪北極殿　　　　　　圖四十一：西溪三帝公

圖片來源

一、圖 1、7、11～17、19、20～22、24～28、34～39 為作者及作者的學生拍攝

二、圖 2 取自：《澎南區文化資源集錦》澎湖縣立文化中心　民國八十七年十二月

三、圖 3～6、10、33、40、41 取自：高芷琳《澎湖諺語研究》彰化師範大學國文所碩士論士　民國八十九年六月

四、圖 8、9、23 取自：《七美風光》澎湖縣七美鄉公所　民國七十八年七月

五、圖 18 取自：高啟進《西瀛人物誌》澎湖縣立文化中心　民國八十八年六月

六、圖 29 取自：《認識花嶼》澎湖縣望安鄉花嶼國小　民國八十六年六月

七、圖 30、31 取自：金榮華《澎湖縣民間故事》台北中國口傳文學學會　民國八十九年十月

八、圖 32 取自：呂勝中《中國民間木刻版畫》湖南美術出版社　一九九四年五月

—圖 7—

# 第一章　緒　論

## 一、研究動機

　　筆者自幼便喜歡看故事、聽故事，後來修習了金師榮華的「通俗文學」、「民間文學」，更是對民間故事產生濃厚興趣。課堂上，常常聽金師提起和其他學長、學姐到各地採錄的情形，心裡很是羨慕，只恨自己晚生了幾年，沒能跟得上大家的腳步。後來在某次上課中，金師忽然提到，目前台閩地區，民間故事傳統性比較強、少受外來文化影響的地方，大概只有金門、馬祖、澎湖三個離島了。這一席話，觸發了筆者以澎湖民間故事做為博士論文的想法，筆者在澎湖海事管理專科學校任教（以下簡稱為「海專」，目前已升格為澎湖技術學院），佔著地利之便，這個題目是再適合不過了。但是再深一層考慮後，認為自己毫無採錄的經驗，想要憑一己之力在澎湖採錄、寫論文，似乎力有未逮。再者，海專的學生不比中文系的學生，想要運用他們的力量來協助採錄工作的進行，似乎也不太可行。

　　在三心二意之際，還是在八十六年的上半年，要求學生去採錄，規定學生每人至少去採集一則澎湖民間故事，作為期末報告繳交。如今想起此事，心裡覺得實在愧對學生，自己的課都還沒修完，對民間文學的認識尚淺，也毫無採錄的經驗，對他們只能給予很粗淺的指導及說明，卻強人所難的非得要他們去採錄不可。學生在成績的壓力下，倒也採到一些故事，只是扣掉抄襲、偽造、重複、「非故事」，可用的資料實在不多。正在猶豫時，由陳勁榛學長那裡傳來一則消息，金師準備組一個採錄小組，於暑假到澎湖採錄，聽到這個消息，筆者欣喜若狂，有金師及大家的協助，還怕沒資料可寫？當下

就決定要以「澎湖民間故事」作為論文題目。

## 二、研究概況

澎湖雖說開發的遠比台灣本島早，地理上也位居大陸移民台灣的中繼站，但由於先天環境的影響，如今卻是台灣最貧窮的縣份之一，因此歷屆縣長的施政重點，無一不是以減少人口外流、提振工商經濟、刺激觀光為優先。相對的，民俗文化的保存、民間文學的採錄整理，便顯得不是那麼重要了。《管子·牧民》曰：「倉廩實而知禮節。」在民眾生活都還有問題的情況下，那裡還顧得到其他？澎湖近幾年雖有「澎湖文化采風學會」做了一些田野調查，文化中心也出版了一些鄉土文化叢書，但範圍多著重在傳統之建築、產業、魚撈活動、聚落、民俗、宗教儀式、寺廟上，很少有關於民間故事的資料，當然更遑論相關研究了。至目前為止，曾針對澎湖一地，大量、廣泛且深入採集民間故事的，只有金師的採錄小組及筆者所指導的海專學生了。

金師的採錄小組總計來澎二次，採錄地區包含了澎湖本島、西嶼、白沙、望安、七美、將軍、鳥嶼……諸離島，在各地做了很深入的採錄，採錄所得出版為《澎湖縣民間故事》一書，計有一三五則故事。而筆者所指導的海專學生，雖缺乏專業的訓練，但以地利之便，足跡也遍及澎湖大小村落，採到了不少故事，前二年的採錄所得，結集為《澎湖民間傳說》出版，共搜集了一〇五則的傳說故事。之後筆者每年仍繼續指導學生從事民間故事的採錄，至今又已累積了百餘則，不過由於缺乏相關的研究論文參考，筆者只能靠著自己不成熟的思慮來整理探討這些故事。

## 三、研究範圍與方法

廣義的民間故事包含了神話、故事、傳說三類，故本論文研究之範圍包含澎湖民間故事、澎湖民間傳說、澎湖神話三部份，但民間故事的傳播與繁衍，始終是持續的進行著，所以民間故事的搜集整理，是永遠沒有完盡的時候，因此本論文的實際研究範圍，主要是以金師榮華的《澎湖縣民間故事》及筆者學生採錄的成果為主，並輔以其他相關書籍，作為論述的依據。

本論文之研究方法，首先是廣泛的搜集資料，資料的大部份是採錄所得的澎湖民間故事及各地的民間故事集，其次是澎湖本地的相關文獻記載、田野調查資料。資料搜集至一段落後，便將資料作類型分析，透過類型，考察

故事之分佈區域與傳播狀況，然後經由他地同類型故事之比較，以見其特色與影響。

　　本論文共計九章。第一章「緒論」、第二章「澎湖的自然環境與歷史人文」、第三章「澎湖民間故事的整理與分類」，此三章皆是有關澎湖的歷史發展、地理環境、人口來源、宗教信仰、民情風俗、論文資料來源、相關著作……等，基本資料的彙整，以做為下文討論時所需的背景資料。第四、五、六、七章進入論文主體的寫作，這部份的寫作主要是以「類」來進行的，總計有三大類：神話、故事、傳說。神話及故事因數量較少，故合併於第四章「澎湖的神話與故事」討論。其中神話單獨一節，故事則依內容又分為生活故事、幻想故事、動物故事三類，於第二、三、四節討論。

　　傳說部份因數量甚多，故分別於第五章「澎湖人物傳說」、第六章「澎湖地方傳說及風水傳說」、第七章「澎湖宮廟神明傳說及其他」三章探討。每章再依內容分為幾個小類分節探討，如第五章又分為：蔡進士的傳說（第一節）、張百萬的傳說（第二節）、其他澎湖人物傳說、中國歷史人物傳說（第三節）。第六章又分為：山峰傳說、岩石傳說、水井傳說、地名傳說……（第一節）、澎湖出皇帝的傳說、白鶴穴的傳說（第二節）。

　　討論故事時，先用歸納法，將故事的主要情節歸納出來以明其大要，若有異說，則列出異說並與主流說法對照比較其異同，探討相異點發生的原因。若不僅澎湖此處有這樣的故事，則亦廣羅其他地方的故事，加以對照比較，或藉此探討此故事之流傳演變、或彌補澎湖故事之疏漏不足。若故事為有類型者，則依金師榮華的《中國民間故事集成類型索引（一）》及丁乃通《中國民間故事類型索引》二書列出其故事型號、故事大綱、流傳區域，以提供故事的基本資料。

　　第八章「澎湖民間故事的傳播現象」，則是筆者在澎湖六年多來的採錄經驗及觀察心得。第一節「澎湖民間故事的講述」，敘述澎湖民間故事的講述概況、傳承情形及此地人民對民間故事所抱持的態度看法。第二節「澎湖民間故事與現代傳播」，則探討澎湖民間故事與現代傳播媒體互動的情形及現代傳播媒體可能對民間故事的影響。第九章「結論」，提出澎湖民間故事之特色及價值，為整篇論文告一段落。

　　本論文在缺乏相關研究及參考資料之情形下，已盡力將澎湖民間故事作全面之整理分析，然才學所限，內容仍是相當粗疏淺薄，論述多有不足。不

過在故事方面，特別是未刊稿的部份，筆者是盡量的加以蒐羅援引，相信這
是目前搜集澎湖民間故事最多的一本著作。希望藉此能拋磚引玉，未來後繼
者，能利用這些資料，再將澎湖民間故事深入研究。

# 第二章　澎湖的自然環境與歷史人文

## 第一節　澎湖的自然環境

### 一、島嶼

　　澎湖是台灣海峽中的一串島群，由於各島星羅棋佈，遠近交錯，因此通稱為澎湖群島。澎湖群島島嶼數目，古來志書記載不一，有稱三十六島者、〔註1〕有稱四十五島者、〔註2〕有稱五十島、〔註3〕五十五島者。〔註4〕近年習於以滿潮時露出水面的六十四島為準。但經澎湖采風文化學會的詳細調查，確

---

〔註1〕陳倫炯：《海國聞見錄・天下沿海形勢錄》云：「泉漳之東，外有澎湖，島三十又六。」（台灣銀行經濟研究室・民國四十七年六月），頁三。又：元・汪大淵：《島夷誌略・彭湖》條云：「島分三十又六，巨細相間，坡隴相望。」（台灣銀行經濟研究室・民國五十二年六月），頁七十五。

〔註2〕高拱乾：《台灣府志》卷一〈封域志・山川〉條云：「總澎之嶼而計之，實四十有五，而相傳為三十六嶼者何？蓋間無天塹之險……或渺然滄海一粟……，故名雖存而不掛人齒頰，特舉其大概言之耳。」（台灣銀行經濟研究室・民國四十九年三月），頁十二。

〔註3〕余文儀：《續修台灣府志》卷一〈封域志・山川〉條云：「澎湖憑山環海，有五十嶼，巨細相間，坡隴相望，迴環五十五澳。」（台灣銀行經濟研究室・民國五十一年六月），頁八。

〔註4〕胡建偉《澎湖紀略》卷二〈地理紀・島嶼〉條云：「《海防志》謂澎湖三十六島如排衛，此亦略舉其概而已。以今考之，實五十有五焉。」（台灣銀行經濟研究室・民國五十二年六月），頁二十六。又如：連雅堂：《台灣通史》卷五〈疆域志・澎湖廳〉云：「舊言三十六島，實則有名可記者，五十有五。」（台灣銀行經濟研究室・民國五十四年十月），頁一一三。

認澎湖群島的島嶼數已達一百，其中有人島嶼二十。

　　島嶼數前少今多，並非昔潛近浮，實因汪洋大海，沙洲片石，點點滴滴，既無資源可言，又乏人民寄足，潮汐漲落，恍惚隱現，所以難以確實詳查。而今日科技發達，愛鄉人士，有心進行全面調查，島嶼數遂陡然遽增。

　　以今通行之六十四島來分：在澎湖本島以北者（含該島），計有澎湖本島、目斗嶼、過嶼、吉貝嶼、姑婆嶼、鐵砧嶼、險礁、土地公嶼、白沙嶼、金嶼、屈爪嶼、毛司嶼、北礁、白沙嶼、毛常嶼、南面掛嶼、鳥嶼、員貝嶼、草嶼、雞籠嶼、坪岐嶼、尖嶼、草嶼、白沙島、白沙礁、大倉嶼、中墩嶼、雁情嶼、小嶼、大央嶼、牛母件嶼等三十一島嶼。

　　在澎湖本島以東者，計有錠鉤嶼、雞善嶼、查坡嶼（陽嶼）、查母嶼（陰嶼）、香爐嶼等五島嶼。在澎湖本島以西者，計有測天島、四角嶼、雞籠嶼、海墘嶼、漁翁島、小門嶼等六島嶼。在澎湖本島以南者，計有桶盤嶼、虎井嶼、狗沙嶼、金瓜仔與、將軍澳嶼、船帆嶼、後帝仔嶼、馬鞍嶼、八罩嶼、花嶼、大貓嶼、小貓嶼、草嶼、頭巾嶼、西嶼坪、利間嶼、東嶼坪、西吉嶼、鋤頭增嶼、東吉嶼、鐘仔嶼、七美島（大嶼）等二十二島嶼。

　　島嶼之四極，東為湖西鄉陰嶼的東端；西為望安鄉花嶼的西端；南為七美鄉大嶼的南端；北為白沙鄉目斗嶼的北端。島群大約是分佈在台灣省嘉義縣與福建省金門縣之間。（請見表一）

表一：澎湖的四極

| 方位 | 地　點 | 經緯度 | | | |
| --- | --- | --- | --- | --- | --- |
| | | | 度 | 分 | 秒 |
| 極東 | 湖西鄉陰嶼的東端 | 東經 | 一一九 | 四十二 | 五十四 |
| | | 北緯 | 二十三 | 三十 | 五十七 |
| 極西 | 望安鄉花嶼的西端 | 東經 | 一一九 | 十八 | 三 |
| | | 北緯 | 二十三 | 二十二 | 二十 |
| 極南 | 七美鄉大嶼的南端 | 東經 | 一一九 | 二十三 | 五十八 |
| | | 北緯 | 二十三 | 九 | 四十 |
| 極北 | 白沙鄉目斗嶼的北端 | 東經 | 一一九 | 三十五 | 十三 |
| | | 北緯 | 二十三 | 四十五 | 四十一 |

資料來源：八十六年澎湖縣統計要覽

## 二、相對位置及面積

　　澎湖群島東隔澎湖水道與台灣本島相對，與嘉義縣東石鄉距離最短，僅為二十四浬（四十五公里）。馬公東至安平約五十四浬，南達高雄約七十六浬，北至基隆約一百九十五浬。西隔台灣海峽與福建相對，其最短距離為福建泉州圍頭七十五浬（一百四十公里）。馬公西至金門約九十三浬，至廈門約九十五浬。北上可以聯絡馬祖列島、大陳島、舟山群島；南下可經東沙群島、南沙群島以至南洋諸國。這種優越的地理位置，使澎湖群島成為台灣海峽的咽喉，中國沿海的屏障，中國與台灣必經的中途站，地位至為重要。

　　澎湖雖僅是彈丸之地，然六十四島分佈面積遼闊，南北長六十餘公里，東西寬四十餘公里，總面積約為一百二十七平方公里，僅佔台灣地區總面積的百分之〇‧三五，其中澎湖本島面積為六十四平方公里，佔全縣總面積二分之一強，若再加上西嶼（十八平方公里）、白沙（十四平方公里），此三大島嶼已佔總面積之四分之三了。而四十四座無人島，全部面積僅約二‧七平方公里，平均每一無人島面積尚不足〇‧四平方公里。

## 三、地形與環境特色

　　澎湖群島係一群火山島，早年經過數次噴發而形成一整塊玄武台地，經過陸上長久的風蝕及海中的水蝕而形成島嶼。各島嶼地勢平坦南高北低，平均海拔二十公尺，沒有山岳河流，也不是平原，為一起伏平緩的丘陵地帶。望安鄉的「大貓嶼」最高，亦僅七十九公尺。海岸線曲折參差，到處都有小港灣是本縣地形的主要景觀。

　　北回歸線由澎湖中央，虎井嶼與望安島間的海域切過，劃澎湖群島為南北兩部，虎井嶼以南在北回歸線內，屬熱帶；虎井嶼以北則在北回歸線外，屬溫帶。全群島均屬於亞熱帶性氣候。澎湖年平均溫度為攝氏二十三‧三度，最冷的一月，平均溫度為十六‧六度；最熱的七月，平均溫度為二十八‧八度。澎湖的天然環境有三大特色：一為雨量稀少。二為季風強勁。三為土壤貧瘠。

### （一）雨量稀少

　　澎湖地處亞熱帶季風地區，長年迎季風雨，雨量理應極為豐沛。然實際上，澎湖年平均雨量僅約為一千公釐，近二十年平均值還不足九百公釐，與年平均雨量二六〇〇公釐的台灣本島相比，實為全省雨量最少的地區。

澎湖缺水的原因是由於地形平坦缺乏高山，不能形成地形雨，更因地面狹小且受海洋調節，夏季地面不至過熱，大氣對流不旺盛，熱雷雨也不易發生。加上季風強勁、日照強烈，年蒸發量為一七一五公釐，超過年平均雨量將近一倍。故澎湖至古便是極為乾旱，農業發展不易的地區。居民日常用水，必須仰賴地下水源，故水井密佈，成為景觀上的一大特色。

即使在科學昌明的今日，可利用水庫調節用水。但近幾年，每到夏季仍得靠貨輪由高雄運水來澎湖救急。〔註5〕近年有人提議，可興建一人造山為澎湖擋住水氣，此議雖好，只是造山計畫粗估需花費一百億台幣，澎湖向來為台灣最窮的縣市之一，如此天文數字不知如何籌措？

## （二）季風強勁

強勁的季風是澎湖最大的自然現象之一，澎湖位於東亞季風標準區域內，冬季為東北季風、夏季為西南季風。每當秋末初冬時節，東北季風大作，強風通過管形的台灣海峽時風力加速，使澎湖冬季經常籠罩在凜冽的季風之中。澎湖的風除六月至八月為西南風外，其餘各月均為東北風。年平均風速每秒六‧四公尺。但自每年十月起至翌年三月止，風速增強，十二月的平均風速為九‧六公尺，極端風速為三十四‧三公尺，幾乎每日皆處於強風中。全年暴風日數多達一百四十四日，最大風速達二十二‧五公尺，相當於中度颱風。故《澎湖廳志》云：

> 澎湖風信與內他海迥異。周歲獨春夏風信稍平，可以種植；然有風
> 之日，已十居五、六矣。一交秋分，直至冬杪，則無日無風，常匝
> 月不息；其不沸海覆舟，斯亦幸已。〔註6〕

澎湖冬季風速達十八公尺以上時，海上波濤洶湧，激起水沫，升空飄揚，降落於地即成鹹雨（俗稱「鹹水煙」）。所過之處，草枯樹死，使秋冬半年的澎湖呈現一幅大野蒼茫的景象。《澎湖廳志》云：

> 澎人畋魚為生，所患風多雨少耳。而鹹雨之患，惟澎所獨，非真雨
> 也海風捲浪，飛沫遍灑也。故鹹雨將至，必先刮怪風。〔註7〕

---

〔註5〕以民國八十八年而言，即由政府補助巴拿馬籍運水船艾爾星號運水船，以三天二航次，每航次六千公噸的淡水量，來抒解澎湖水荒的問題。（據八十八年八月十三日《澎湖時報》報導。）

〔註6〕林豪：《澎湖廳志》卷一〈封域‧風潮〉條。（台灣銀行經濟研究室‧民國五十二年六月），頁三十六。

〔註7〕同前註。

## （三）土壤貧瘠

澎湖的地表經常受強風吹刷，缺乏植被覆蓋，加上雨量少，蒸發量大，以致土壤有機質含量低，甚為貧瘠，不利農作。居民只能以硓𥑮石或玄武岩塊，堆成擋風牆，種植耐旱抗鹹的農作物，如花生、蕃薯、高粱、哈密瓜等。

澎湖由於地形封閉，加上氣候惡劣、水源缺乏、土壤貧瘠等因素，造成澎湖極為艱困的自然環境。由於農業發展困難、討海生活艱辛，島上居民謀生不易，一切看天行事，遂形成島民刻苦艱毅的天性，及豐富的宗教活動。

# 第二節　澎湖開發簡史與人口來源

澎湖群島屹立於台灣海峽，不但是台灣的門戶，也是大陸沿海人民至台拓殖的中途站。然由於澎湖僻處海角一隅，其相關史料歷史，往往受到史家的忽視，故有關澎湖早期之開發移民，有傳抄舊志者、道聽途說者，眾說紛紜，莫衷一是，本節將力求搜羅信而有徵的資料，將先民在澎湖的活動加以記錄，以作為本文立論的背景資料。

## 一、史前時期

澎湖的考古挖掘，最初源於日據時代，先後由日本學者伊能嘉矩、國分直一主持，發掘了不少的石器、繩紋土器、骨器等新石器遺物及歷史時期的遺物。光復後，陸續由宋文薰、林朝棨、黃士強、臧振華等考古學者，在澎湖作了數次的調查及發掘，前後共發現了五十二處史前時代遺址及三十九處歷史時期遺址。從考古學家在地下發掘出土的資料來看，澎湖約五千年以前，即有人類居住。由考古所得，一般認為，中國大陸、澎湖與台灣西海岸三地間，早有交通關係。〔註8〕

## 二、秦漢三國時期

堯舜傳至夏桀暴虐無道，而至商紂，再至春秋戰國，戰爭連年，民生痛苦，自然迫使民眾心懷「世外桃源」向海外發展，澎湖為最近大陸之島

〔註8〕臧振華：〈澎湖群島上的遠古文化〉，（澎湖《硓𥑮石》，民國八十五年九月），
　　　第四期，頁十五～二十四。

嶼，在遷徙、避禍、入海求仙之情形下，都可能到達此地。連橫《台灣通史》云：

> 或曰澎湖則古之方壺，而台灣為岱員，於音實似。……然則台灣之
> 為瀛洲、為東鯷，澎湖之為方壺，其說固有可信。而澎湖之有居人，
> 尤遠在秦漢之際，或曰楚滅越，越之子孫遷於閩，流落海上或居於
> 澎湖，是澎湖之與中國通也已久，而其見於載集者，則始於隋代爾。

〔註9〕

連氏認為澎湖遠在周秦時期已有漢民族遷居之事實。此說或嫌武斷，但的確有其可能。至三國時期，孫權於黃龍二年（西元二三〇年），指派衛溫、諸葛直征夷州，《三國志・吳志・孫權傳》云：

> （黃龍）二年……遣將軍衛溫、諸葛直將甲士萬人浮海求夷州及
> 亶洲。……亶洲者，所在遠絕，卒不可得至，但得夷州數千人還。

〔註10〕

同書〈陸遜傳〉亦云：

> 權欲遣偏師取夷州及珠崖，皆以諮遜。……權遂征夷州，得不補失。

〔註11〕

夷州或指台灣、或指澎湖，二者皆有可能。由此推知，在三國時期，中原人民已至澎湖一帶海域開發探險。

## 三、隋唐時期

隋代，隋煬帝三次派兵征伐流求。第三次大業六年（西元六一〇年）派陳稜、張鎮淵攻伐流求。《隋書・流求國傳》云：

> 大業元年，海師何蠻等，每春秋二時，天清風靜，東望依希，似有
> 煙霧之氣，亦不知幾千里。三年，煬帝令羽騎尉朱寬入海求訪異俗，
> 何蠻言之，遂與蠻俱往，因到流求國，言不相通，掠一人而返。明
> 年，帝復令寬慰撫之，流求不從，寬取其布甲而還。時倭國使來朝，
> 見之曰：「此夷邪久國人所用也。」帝遣武郎將陳稜，朝請大夫張鎮
> 淵率兵自義安浮海擊之，至高華嶼，又東行二日至龜鼊嶼，又一日

〔註9〕連橫：《台灣通史》卷一〈開闢紀〉，（台灣銀行經濟研究・民國五十四年十月），頁二。
〔註10〕陳壽：《三國志・吳書・孫權傳》，（台北藝文印書館），頁九二六。
〔註11〕同前註。卷十三〈陸遜傳〉。頁一〇九八。

便至流求。〔註12〕

同書〈煬帝本紀〉亦載：

（大業六年）二月乙巳，虎賁郎將陳稜、朝請大夫張鎮洲擊流球，

破之，獻俘萬七千口，頒賜百官。〔註13〕

上述有關「流求」的記載，有說是台灣者、有說是琉球者、也有說是澎湖者。
〔註14〕另，後人指陳稜伐流求國所經之高華嶼、龜鼊嶼，均係澎湖列島中之
島嶼。如《澎湖廳志》云：「奎壁山原名龜鼊，以形似得名。」〔註15〕日人滕
田豐八《校註島夷誌略》云：「考高華嶼，即今花嶼；龜鼊嶼，即今奎壁嶼。
屬澎湖。」〔註16〕今人言澎湖列島，最初見於正史記載者，多據此而言，然
均非出於《隋書》正史，如《海防考》云：

隋開皇中，嘗遣虎賁陳稜，略澎湖地，其嶼屹立巨浸中，環島三十
有六，如排衙……以畋漁為業，地宜牧牛羊，散食山谷間，各勞耳
為記。〔註17〕

余文儀《續修台灣府志》云：

（澎湖）古荒服地。隋開皇中，遣虎賁陳陵，略澎湖三十六島。〔註18〕

《澎湖紀略》云：

自隋開皇中，遣虎賁將陳稜，略地至澎湖，其名始見於中國。〔註19〕

魏源《聖武記》云：

台灣……自鄭氏以前，中國人無至其地者，皆生蕃據之。隋大業中，
虎賁陳陵。至澎湖，東向望洋而返。〔註20〕

---

〔註12〕見《隋書・東夷列傳・流求國傳》，（台北藝文印書館），頁六一五。

〔註13〕同前註。頁四十三。

〔註14〕許雪姬：〈宋元明清對澎湖群島的認識〉，（澎湖《硓𥑮石》，民國八十五年九
月），第四期，頁三十四至五十七。

〔註15〕林豪：《澎湖廳志》卷一〈封域・山川〉條。（台灣銀行經濟研究室・民國五
十二年六月），頁十八。

〔註16〕轉引至李紹章：《澎湖縣誌》第三章〈開拓時期〉，（台北成文出版社・民國七
十二年出版），頁一〇〇。

〔註17〕同前註。

〔註18〕余文儀：《續修台灣府志》卷一〈封域・建置〉條。（台灣銀行經濟研究室・
民國五十一年六月），頁四。

〔註19〕胡建偉：《澎湖紀略》卷二〈地理紀・建置〉條。（台灣銀行經濟研究室・民
國五十二年六月），頁十三。

〔註20〕同註十六。

《澎湖廳志》云：

> 澎湖……古荒服地，隋大業中，遣虎賁陳稜，略地至澎湖。〔註21〕

以上《海防考》、《台灣府志》、《澎湖紀略》三書，言陳陵於隋開皇中略地至澎湖，而《聖武記》、《澎湖廳志》兩書又言陳陵係於隋大業中略地至澎湖，《隋書》帝記載陳陵於大業六年伐琉求國。清・朱景英著《海東札記》，曾發質疑云：

> 考隋書，陳陵流求之役在大業中，而本傳亦無略澎湖三十六島之詞，
>
> 獨不解當日談海防者，何所據而云云也？〔註22〕

故此說尚且存疑。至唐代，傳說進士施肩吾曾到過澎湖。施肩吾字希聖，號華洋，睦州分水人（今浙江省分水縣）。唐憲宗元和十五年進士，著有《西山集》十卷，今佚。《全唐詩》收有施肩吾的詩一百八十四首，其中最為研究台灣歷史學者所引用的，就是題名為〈島夷行〉的詩句。其詩如下：

> 腥臊海邊多鬼市，島夷居處無鄉里，黑皮少年學採珠，手把生（牛）
>
> 犀照鹹水。〔註23〕

《台灣府志》、《澎湖廳志》均於〈藝文〉內轉載此詩，此詩於明朝孝宗弘治年間，黃仲昭編輯《八閩通志》，始用〈題澎湖嶼〉收入。杜臻《澎湖台灣紀略》被認為是第一個主張施肩吾來過澎湖者。其全部的敘述連詩只有四十四個字：

> 唐施肩吾有澎湖詩云：腥臊海邊多鬼市，島夷居處無鄉里，黑皮年
>
> 少學採珠，手把生犀照鹹水。蓋亦嘗有至焉者。〔註24〕

杜臻尚不能肯定施肩吾到過澎湖，但在其後連橫的《台灣通史》卻更進一步的稱：

> 唐中葉，施肩吾始率其族遷居澎湖，肩吾，汾水人，元和中舉進士，
>
> 隱居不仕，有詩行世。其題澎湖一詩，鬼市、鹽水、足寫當時之景
>
> 象。〔註25〕

此後，各界為施肩吾是否到過澎湖擾攘不休。反對者稱：施肩吾於宦官之亂

---

〔註21〕同註十五。頁五十二。
〔註22〕朱景英：《海東札記》卷一〈記方隅〉條。（台灣銀行經濟研究室・民國四十七年十月），頁九十二。
〔註23〕同註十六。頁一〇二。
〔註24〕杜臻：《澎湖台灣紀略》。（台灣銀行經濟研究室・民國五十四年八月），頁一。
〔註25〕同註九。頁六。

後，辭官隱居江西之西山，好道家神仙，缺乏探險之心，必未到過澎湖。其所謂「澎湖」係指「鄱陽湖」或浙江海邊。贊成者則稱，據詩文內容「腥臊海邊」的描寫，就無可否認的指澎湖，因此施肩吾必定到過澎湖。但據今人蔡丁進的多方考證，此詩著實與澎湖無關。〔註26〕

## 四、宋朝時期

自唐而五代而宋，南宋時可確信澎湖已有移民。常被徵引的史料有：樓鑰的《攻媿集》、周必大的《文忠集》、趙汝适的《諸番志》。三書皆提及泉州所轄的澎湖（或稱平湖、彭湖）遭毗舍耶人騷擾的情形。其中樓鑰《攻媿集》

〔註26〕有關此詩之考辯，學界至今尚未有定論，據蔡丁進的搜集整理，認為此詩描寫為澎湖者，按時間先後有：杜臻《澎湖台灣紀略》（康熙三十八年）、周于仁、胡格《澎湖志略》（乾隆五年）、胡偉建《澎湖紀略》（乾隆三十六年）、蔣鏞《澎湖續編》（道光十二年）、林豪《澎湖廳志》（光緒十九年）、連橫《台灣通史》（民國七年）、嚴式裕《今日澎湖》（民國四十五年九月）李紹章《澎湖縣志》（民國四十九年）、林衡道〈台灣史譚〉《台灣文獻》十五卷三期（民國五三年九月）、陳知青《澎湖史話》（民國六十一年）、蔡平立《澎湖通史》（民國六十八年）、黃大受《台灣的根》（民國六十九年）、陳萬充等《我愛七美》（民國七十三年）、張新芳《思我故鄉》（民國七十五年）、《大不列顛百科全書》中文版（西元一九八七年）、李熙泰〈施肩吾「島夷行」新探〉《台灣研究集刊》第一期（西元一九八九年）、米復國《金門與澎湖地區傳統聚落及民宅之調查研究》（民國八十四年）。

認為此詩所描寫非澎湖者有十二位，按時間先後有：梁嘉彬〈論隋唐時代之「彭湖」〉，《台北文物》第二卷二期（民國四十二年八月）、郭廷以《台灣史事概說》（民國四十三年三月）、陳漢光〈唐代澎湖的問題〉，中央日報副刊（民國四十六年三月十五日）、徐復觀〈與梁嘉彬先生商討唐施肩吾的一首詩的解譯〉，《民主評論》第十卷十六期（民國四十八年八月）、梁嘉彬〈唐施肩吾事蹟及其「島夷行」詩考證〉，《大陸雜誌》十九卷第九期（民國四十八年十一月）、徐復觀〈與梁嘉彬先生再商討〉《民主評論》第十卷二三期（民國四十八年十二月）、梁嘉彬〈就施肩吾詩的解釋與治學態度並方法答徐復觀先生〉，《台灣風物》第九卷第五、六期（民國四十八年十二月）、毛一波〈與梁徐兩教授論「島夷行」〉，《民主評論》十一卷第二期（民國四十九年一月）、曹永和〈早期台灣的開發與經營〉，《台北文獻》第三期（民國五十二年四月）、盛清沂〈明代以前澎湖史事之探討〉，《台北文獻》二六卷第四期和二七卷第一期合印（民國六十五年三月）、蘇同炳〈施肩吾「島夷行詩」新考〉，《台灣史研究集》（民國六十九年四月）。以上資料見：蔡丁進：〈唐施肩吾澎湖〈島夷行〉糾謬〉，（（澎湖《硓𥑮石》，民國八十四年十二月，第一期，頁四十一。）此外，尚可參考賴福順：〈唐施肩吾澎湖〈島夷行〉糾謬〉，（澎湖《硓𥑮石》，民國八十五年三月，第二期）、楊青矗〈第一首描寫台澎的古典詩〉，（《中國時報》，九十年一月十一日）二文。

卷八十六載〈汪大猷行狀〉云：

> 乾道七年四月起，知泉州……郡實瀕海，中有沙洲數萬畝，號平
> 湖，忽有島夷號毗舍耶者奄至，盡刈所種；他日又登岸殺略，擒
> 四百餘人，殲其渠魁，餘分配諸郡。初即每遇南風，遣戍為備，
> 更迭勞擾，公即其地，造屋二百餘間，遣將分屯，軍民以為便，
> 不敢犯境。〔註27〕

文中的「平湖」即為澎湖。「毗舍耶」指台灣土著民族。此時澎湖不但已有住
民，而且其殖民事業相當發達；政府遣將分屯，竟造房二百間之多，可見其
兵額眾多。毗舍耶之犯境，一次能擒獲四百餘人，更見澎湖軍民力量之龐大。
至南宋理宗寶慶時，趙汝适著《諸蕃志》，於〈毗舍耶條〉云：

> 毗舍耶，語言不通，商販不及，袒裸盱睢，殆畜類也。泉有海島，
> 曰澎湖。隸晉江縣，與其國密邇，煙火相望，時至寇掠；其來不測，
> 多罹生噉之害，居民苦之。〔註28〕

周必大的《文忠集·汪大猷神道碑》亦載：「海中大洲號平湖，邦人就植粟、
麥、麻。」〔註29〕陳正祥《澎湖縣誌》殆據其中「泉有海島，曰澎湖，隸晉
江縣」之句而言：「（澎湖）南宋初年，曾經設治，正式收入我國版圖。」〔註
30〕然蔡平立《澎湖通史》卻認為：「按此『平湖』、『澎湖』、『澎湖』、隸於晉
江，並非直屬版圖，乃『每遇南風，遣戍為備』之殖民收質。」〔註31〕二說
孰是？尚待進一步資料佐證。

## 五、元朝時期

元世祖至元十七年（西元一二八〇年），大舉伐日失利，收回軍師，分戍
沿海，諸將見澎湖海中形勢險要，乃奏請設治。於是次年，至元十八年，正

---

〔註27〕樓鑰：《攻媿集》卷八十八〈汪大猷行狀〉，（台北藝文館印書館·民國五十四
年六月），頁八一六。

〔註28〕趙汝适：《諸蕃志》卷上〈毗舍耶〉條，（台灣銀行經濟研究·民國五十二年
六月），頁三十八。

〔註29〕周必大：《文忠集·汪大猷神道碑》，（台北藝文館印書館民·國五十四年六月），
頁六三二。

〔註30〕陳正祥：《澎湖縣誌》第一章〈開拓與建置〉，（澎湖縣政府·民國四十四年出
版），頁一。

〔註31〕蔡平立：《澎湖通史·開拓史》，（台北聯鳴文化有限公司·民國七十六年八月
出版），頁一一六。

式收澎湖入版圖，置澎湖巡檢司，是中國設治澎湖之始。《新元史・島夷諸國傳》記載：

> 海外島夷之族，澎湖最近，分三十六島，有七澳介其間。其地屬泉州晉泉縣，土人煮海為鹽，釀秫為酒，採魚蝦為食，至元初設巡檢司。〔註32〕

澎湖之設置巡檢司，係以進取台灣而為征伐日本做準備。元代殖民開拓澎湖，甚為發達，據汪大淵於元順帝至正九年所撰之《島夷誌略》記載當時澎湖的情形是：

> 島分三十有六，巨細相間，坡隴相望，乃有七澳居其間，各得其名。自泉州順風二晝夜可至。有草無木，土瘠不宜禾稻，泉人結茅為屋居之。氣候常暖，風俗朴野，人多眉壽，男女穿長布衫，繫以土布。煮海為鹽，釀秫為酒，採魚、蝦、螺、蛤以佐食；爇牛糞以爨，魚膏為油。地產胡麻、綠豆。山羊之孳生，數萬為群，家以烙毛刻角為記，晝夜不收，各遂其生育。工商興販，以樂其利。地隸泉州晉江縣。至元間，立巡檢司，以週歲額辦鹽課，中統錢鈔一十錠二十五兩，別無科差。〔註33〕

文中將澎湖民生狀況敘述的十分具體，由此可以看出元代在澎湖移民拓殖的情形。

## 六、明清時期

　　明太祖洪武元年（西元一三六八年）部將湯和，平定割據東南之方國珍、張士誠，敗軍餘眾逃亡海外，淪為海盜，亦有與倭寇勾結，侵擾東南沿海一帶，流竄澎湖者。經數度征伐無效，湯和以「澎民叛服不定」為由，奏請明太祖「遷徙澎民於近郭，廢巡檢司而墟其地。」唯明太祖以「徙民墟地」事關重大，未與照准。〔註34〕

　　相傳洪武二十年（西元一三八七年），倭寇大舉進襲沿海各地，因大陸防備甚嚴，不得進，乃退而襲擊大嶼（今之七美島），其中有七名女子，因不願

〔註32〕柯劭忞：《新元史》卷二五三〈外國列傳・島夷諸國傳〉，（台北藝文印書館），頁一四四二。

〔註33〕汪大淵：《島夷誌略・彭湖條》，（台灣銀行經濟研究室・民國五十二年六月），頁七十五。

〔註34〕同註三十一。頁一三五。

受辱，而相偕投井殉節，是為「七美人塚」之由來，今尚存嘉靖年間之碑記。

至洪武二十一年（西元一三八八年），明廷終於決定將澎民遷徙於漳泉二州，正式廢巡檢，墟其地。從此澎湖淪入倭寇與海盜之手，至明末，且二度為荷蘭人所佔。

明末，荷蘭人曾二度佔據澎湖。第一次於萬曆三十二年（西元一六○四年），由荷將韋麻郎親率艦隊來澎，請求通商未果。總兵施德政使都司沈有容率艦五十諭退何軍，韋麻郎既畏於威、又懷其德，因之率艦離開澎湖。今馬公市天后宮尚有一於民國八年重修天后宮而發掘出土之「沈有容諭退紅毛蕃韋麻郎碑」。

荷人雖暫時退出澎湖，然對我國通商貿易並未或忘。天啟二年（西元一六二二年）荷將雷爾生率兵入侵澎湖媽宮港，澎湖居民奮力抵抗，被殺三十餘人，屍頭投海。〔註35〕又荷人為長期防備，役民搬石築城，今馬公市朝陽里舊稱「紅毛城」，即當時城址。

天啟四年，明朝收復澎湖，於今之文澳築天啟城，設游擊一、把總二、統兵三千，設炮台以守。隨後，明末大亂，朝廷無暇他顧，澎湖又落於荷人、海盜之手。〔註36〕

明永曆十五年（西元一六六一年、清順治十八年），二月初三中午，鄭成功於金門料羅灣出發，初四登陸媽宮，收復澎湖。

清康熙二十二年（西元一六八三年、明永曆三十七年），施琅攻陷澎湖。次年，清正式將台澎收入版圖，澎湖設巡檢，附於台灣縣轄。

雍正五年，將台廈道改為台灣道，設澎湖海防糧捕廳，置通判一員，駐於澎湖，負地方人民政事與協辦海防之責，澎湖地方之開拓因之日見績效。

光緒十年（西元一八八四年）中法戰爭，法將孤拔率軍攻澎，十一年二月十三日，由嵵裡登陸，十五日攻佔媽宮，法軍攻澎不過三日，全島俱陷。此役澎湖軍民死傷慘重。彼時法軍入澎，而時疫大流行，駐澎法軍多病死，主將孤拔亦死，葬於媽宮，十一年三月中法和議成，法軍遂於六月二十四日

〔註35〕據云：此屍頭漂流至白沙、瓦硐、後寮之間，為當地居民所收殮，興建「南埔三十人公廟」，或稱「北山義塚」，紀念此批為國犧牲之無名英雄。

〔註36〕據《澎湖通史》言：澎湖自天啟六年（西元一六二六年）至崇禎三年（西元一六三○年）由鄭芝龍佔領，鄭芝龍歸順後，名義上由明廷統治，實際仍由鄭芝龍部將占領，直至鄭成功北伐以前（永曆十二年以前）仍屬芝龍統治，見該書頁一四八～一四九。

撤退。

　　光緒二十年（西元一八九四年），中日甲午戰爭，澎湖亦不出三日而陷於日本：二十一年三月二十一日晨，日軍開始攻擊，二十三日由良文港登陸，二十四日全島皆陷於日本。日軍登陸以後，戰死及霍亂病死者千餘人，合葬紅木埕附近，名曰：「千人塚」。日後馬關議和，割讓台澎予日，直至民國三十四年，抗日勝利，澎湖方回中國懷抱。

## 七、今日澎湖

### （一）人口

　　今澎湖縣，轄有一市五鄉：馬公市及湖西鄉、白沙鄉、西嶼鄉、望安鄉、七美鄉。至民國八十六年底，總人口約九萬，平均每平方公里七百一十人，請參見表二。

**表二：澎湖之行政區域、面積及人口**

| 鄉　市 | 面　積 | 村里數 | 人口數 | 人口密度／每平方公里 |
|---|---|---|---|---|
| 馬公市 | 三三‧九九一八 | 三四 | 五〇九一三 | 一四九八 |
| 湖西鄉 | 三三‧三〇〇八 | 二二 | 一三一二二 | 三九四 |
| 白沙鄉 | 二六‧〇八七五 | 一五 | 九三八六 | 四六七 |
| 西嶼鄉 | 一八‧七一四八 | 一一 | 九一二七 | 四八八 |
| 望安鄉 | 一三‧七八二七 | 九 | 五二一一 | 三七八 |
| 七美鄉 | 六‧九八六九 | 六 | 三四一〇 | 四八八 |
| 總計：澎湖縣 | 一二六‧八六四一 | 九十七 | 九一一六九 | 七六九 |

資料來源：八十六年澎湖縣統計要覽

### （二）經濟概況

　　澎湖縣因地瘠民貧，財源缺乏，故經濟落後，人口外流，工商業不發達，僅有一般商業，無大型之百貨公司或貿易商。但因四面環海，具有多處優良港灣，且附近即為一水產豐富之海域，故漁業甚為發達，為澎湖經濟最主要來源。所以澎湖迄今仍以農業、漁業、牧業為主。

　　1、農業：澎湖農業因土壤貧瘠、雨量稀少、季風強盛，無法生產稻米。耕地皆為旱田，主要農作物為花生、甘藷、玉米、高粱及香瓜、嘉寶瓜、蕃茄、蔬菜等特產作物。僅可維持澎湖四個月之糧源供應。

2、畜牧業：畜牧業為農業經濟重要項目之一，目前澎湖正積極推動發展當中，包括：輔助飼養肉牛，獎勵養豬、鹿、鵝、羊等，致使此類畜牧業近年有由農村副業轉變成專業經營之趨勢。現仍繼續鼓勵農民開墾大面積廢耕地，種植牧草開拓牧場，向著畜牧企業化之目標邁進。

3、漁業：澎湖四週環海，海岸曲折，海域遼闊，附近海域受黑潮支流、南海季風流、大陸沿岸流及湧昇流匯集影響，形成一處天然良好漁場，水產資源豐富，漁業繁盛，為本縣最大的經濟命脈。此外，澎湖縣的養殖業亦十分有名與興盛，近年更因推展海上箱網養殖，使得澎湖漁業更形發展。

## （三）交通

澎湖對內交通以公路為主，公路四通八達，寬大平坦，與白沙嶼、中屯嶼、西嶼、小門嶼等離島皆有橋樑連接，來往便利。其中連接西嶼之跨海大橋，橋長二公里，早已成為澎湖的地標。至於望安、七美、虎井、桶盤……等諸離島，則有定期的交通船可供搭乘，其中望安、七美尚有飛機可達高雄、馬公。對外交通以航空為主，由馬公至台灣各大縣市，幾乎皆有飛機可達。只是每逢年節、假日、旅遊旺季，機位一票難求，民眾對此迭有怨言，但迄今尚無因應之策。至於海運，目前有台華輪定期往返馬公、高雄，海王星號往返馬公、嘉義布袋。惟航次並不密集，冬季更常因氣候惡劣而停駛，因此一提到澎湖對外的交通，始終是澎湖居民心中的痛。

## （四）觀光旅遊

澎湖海水湛藍清澈，沙灘細緻潔白，素有「台灣夏威夷」之稱，因此每年至澎湖旅遊觀光的人潮，為澎湖縣帶來不少的經濟效益。僅民國八十五年來澎湖的旅遊人數便有二十一萬六千人之多，數目相當可觀。只是當前的旅遊重點，多以水上活動為主，因此每年只要一過中秋，吹起凜冽的東北季風，澎湖便陷入「諸事不宜」的蕭瑟狀態。連帶的使旅遊人數銳減，使得澎湖的旅遊業至今仍處於「開張半年，喝東北風半年」的困境，也因此，阻消了不少財團投資建設澎湖的意願。

其實，澎湖從元世祖至元十八年設治至今，已逾七百年，比台灣的開發還早上數百年，經歷代先人篳路藍縷，胼手胝足的開發建設，留下不少古蹟供後人追思憑弔，因此冬季來澎湖旅遊，或許少了精采的水上活動，但在凜冽強風中，參觀先人遺留下的各級古蹟名勝，實際體驗古人與大自然搏鬥的

堅忍精神，亦別有一番風味。

# 第三節　澎湖的人口來源與民間信仰

## 一、人口來源

　　澎湖大規模移民，始於明萬曆以後，依時間及動機而言，大致可劃分兩個階段。第一階段為明萬曆初年至清順治末年之移民。此時期之移民，概以純經濟之漁農目的為動機。尤其以明天啟、崇禎年間，閩省災荒嚴重，漳、泉兩府人民相率渡海台澎謀生，故此期間之澎湖移民以泉州、漳州兩府屬籍貫為主。李紹章的《澎湖縣誌》詳細的說民此期移民的概況：

> 明萬曆年以後，澎湖第二次有移往民，以福建泉州府屬同安縣金門人遷來最早；其後接踵而至者，亦以同安縣人為最多。彼等捷足先至者，得以優先選擇良好地區定居之，澎湖本島即多被同安人所先佔；尤其素稱土地沃腴之湖西鄉，完全成為同安人之區域，較後至之漳州府屬移民，則集中於白沙鄉，少部份散居馬公鎮、西嶼鄉等地。澎湖列島南部八罩、七美等離散島嶼，則為最後遷來之移民所定居。〔註37〕

但近年余光弘教授實地至澎湖挨村訪問後，對上述說法提出了修正，他說：

> 以明末澎湖的情況來論，土地肥瘠並非唯一的考慮，方便進出的港灣也甚為重要。從白沙島的移民史看出，漳州人徙入澎湖的時間不見得晚於泉州人，而早期移民對漳泉地方分類並不明顯。〔註38〕

清康熙二年，鄭經敗失金門、廈門兩島，人民不勝兵燹，許多人家隨軍前來，此期數量極眾，概係金、廈兩島居民，是為後期移民。近年余光弘先生由清代駐防澎湖的班兵、探討澎湖人的祖籍，提出他的看法：

> 從澎湖移民歷史的研究，可以看出清朝以前漳、泉人的入澎，主要因為地理條件的合宜，不僅是一衣帶水相距不遠，更主要的原因為風力及洋流利於漳、泉與澎湖之間的往返。入清之後，移民主要是由偷渡入澎，夏季適航期順風順流的閩、粵部份地區自然居於輸出

〔註37〕同註十六。頁一六五。
〔註38〕余光弘：《澎湖清代的班兵與移民》，（台北稻鄉出版社，八十七年五月），頁一一六。

移民的有利地位，可是同鄉班兵的有無變成移居的決定因素，因此
各籍班兵的部署與各籍移民的分布有極大的關係。粵省潮州以南諸
港口雖風潮利於駛澎，卻無同籍班兵之援引，而未見移居澎湖者，
反之，惠安以北諸港雖有班兵駐澎，卻因風潮之不利，而僅有少數
移民聚居於澎湖唯一的港市媽宮。簡言之，澎湖移民的祖籍分布是
由自然的（風力、洋流）及人為的（班兵的駐防）兩種因素，交相
影響的結果，而非隨機發展而成。同樣的因素也影響台灣本島漢人
的祖籍分布。〔註39〕

台灣光復後，大陸續有來澎人口，或經營商業、或任職公教，及至大陸撤退
後，大陸各省來澎湖者日眾，居民籍貫遍及大陸各省，外省籍寄居澎湖人口，
目前以馬公市最多，七美鄉最少。以下據余光弘先生之調查，表列澎湖各村
里之祖籍如下。

### 表三：澎湖各村里之祖籍

### （一）馬公市

| 村里別 | 祖　　籍 | 資料來源 |
|---|---|---|
| 西衛 | 金門／漳州海澄 | 族譜、廟碑、縣誌 |
| 重光 | 金門 | 族譜、縣誌 |
| 東衛 | 金門 | 族譜、縣誌、姓氏 |
| 安宅 | 金門／泉州同安 | 族譜、市志 |
| 興仁 | 金門／泉州同安，廈門 | 族譜、縣誌 |
| 烏崁 | 金門／泉州同安 | 族譜、縣誌、市志、史料 |
| 西文 | 泉州南城門 | 族譜、縣誌 |
| 東文 | 金門 | 族譜、縣誌、市志 |
| 案山 | 金門／泉州同安 | 族譜 |
| 石泉 | 金門／泉州南門，同安 | 族譜 |
| 前寮 | 金門／泉州 | 訪問 |
| 菜園 | 泉州同安 | 族譜、縣誌 |
| 鐵線 | 金門／泉州南安 | 族譜、縣誌 |
| 鎖港 | 金門／泉州南安 | 族譜、縣誌 |

〔註39〕同前註。頁一三六。

| 山水 | 金門 | 族譜、縣誌 |
|------|------|-----------|
| 五德 | 金門 | 族譜、縣誌 |
| 嵵裡 | 金門 | 族譜、縣誌 |
| 風櫃 | 金門 | 族譜、廟碑、縣誌、市志 |
| 井垵 | 金門／泉州南安 | 族譜、縣誌、市志 |
| 虎井 | 金門 | 族譜、史料 |
| 桶盤 | 金門 | 臺大都計室、一九八〇 |

## （二）湖西鄉

| 村里別 | 祖　籍 | 資料來源 |
|--------|--------|----------|
| 湖西 | 金門 | 族譜、縣誌、市志 |
| 湖東 | 金門 | 族譜 |
| 南寮 | 金門／漳州龍溪 | 族譜、縣誌、姓氏 |
| 北寮 | 金門 | 族譜、縣誌、史料 |
| 西溪 | 金門 | 族譜、縣誌 |
| 紅羅 | 金門 | 族譜、縣誌、史料 |
| 龍門 | 金門 | 族譜、縣誌、史料 |
| 尖山 | 金門 | 村碑、族譜、縣誌、史料 |
| 菓葉 | 金門 | 族譜、縣誌 |
| 隘門 | 金門／（？廈門／汕頭） | 縣誌、史料 |
| 太武 | 金門 | 訪問 |
| 城北 | 金門 | 族譜、縣誌、史料 |
| 青螺 | 金門 | 訪問、廟碑 |
| 白坑 | 金門 | 族譜、縣誌 |
| 林投 | 金門／漳州詔安 | 族譜、縣誌 |
| 潭邊 | 金門 | 族譜、縣誌 |
| 許家 | 金門 | 族譜、縣誌 |
| 成功 | 金門／泉州晉江 | 族譜、姓氏 |
| 沙港 | 金門 | 族譜、縣誌 |
| 鼎灣 | 金門 | 族譜、縣誌、史料 |
| 中西 | 金門 | 訪問 |
| 東石 | 金門 | 族譜、縣誌 |

## （三）白沙鄉

| 村里別 | 祖　籍 | 資料來源 |
| --- | --- | --- |
| 講美 | 漳州海澄，龍溪／泉州安溪 | 族譜、縣誌、鄉志 |
| 港子 | 金門／漳洲海澄，龍溪 | 族譜、鄉志、史料、姓氏 |
| 鎮海 | 漳州海澄 | 鄉志 |
| 通梁 | 漳州漳浦／金門 | 族譜、縣誌、鄉志 |
| 城前 | 金門／漳州海澄 | 縣誌、鄉志、史料、姓氏 |
| 赤崁 | 漳州漳浦／金門／江西南昌 | 族譜、縣誌、鄉志、姓氏 |
| 瓦硐 | 金門／漳州漳浦 | 族譜、縣誌、鄉志、姓氏 |
| 後寮 | 金門／廈門 | 族譜、縣誌、鄉志、姓氏 |
| 小赤崁 | 金門／漳洲海澄 | 族譜、縣誌、鄉志 |
| 岐頭 | 漳州龍溪 | 族譜、縣誌、鄉志、史料 |
| 中屯 | 金門／漳州龍溪，漳浦 | 族譜、縣誌 |
| 鳥嶼 | 金門／赤崁等 | 鄉志 |
| 大倉 | 金門／通梁 | 鄉志 |
| 吉貝 | 金門／廈門 | 鄉志 |
| 員貝 | 金門／白沙鎮海 | 鄉志 |

## （四）西嶼鄉

| 村里別 | 祖　籍 | 資料來源 |
| --- | --- | --- |
| 合界 | 金門 | 訪問 |
| 橫礁 | 金門 | 訪問 |
| 竹灣 | 金門／泉州南城門／廈門 | 縣誌 |
| 小門 | 金門／廈門 | 族譜 |
| 大池角 | 金門 | 族譜、縣誌 |
| 二崁 | 金門 | 族譜 |
| 小池角 | 金門／漳州 | 族譜、縣誌 |
| 赤馬 | 金門 | 族譜、縣誌、姓氏 |
| 內垵 | 金門／泉州晉江 | 族譜、縣誌 |
| 外垵 | 金門 | 族譜、縣誌 |

## （五）望安鄉

| 村里別 | 祖　籍 | 資料來源 |
|---|---|---|
| 東安 | 金門 | 縣誌 |
| 西安 | 金門 | 訪問 |
| 將軍 | 金門 | 訪問 |
| 水垵 | 金門 | 訪問 |
| 中社 | 金門／福建永春 | 縣誌、史料 |
| 東坪 | 金門 | 訪問 |
| 西坪 | 金門 | 訪問 |
| 花嶼 | 金門 | 訪問 |
| 東吉 | 金門 | 訪問 |

## （六）七美鄉

| 村里別 | 祖　籍 | 資料來源 |
|---|---|---|
| 東湖 | 金門 | 訪問 |
| 西湖 | 金門 | 訪問 |
| 中和 | 金門 | 訪問 |
| 平和 | 金門 | 訪問 |
| 南港 | 金門 | 族譜 |
| 海豐 | 金門 | 族譜 |

說明：本表資料來源中「縣誌」代表《澎湖縣誌》（李紹章一九六〇）、「市志」即《馬公市志》（蔡平立一九八四）、「鄉志」即《白沙鄉志》（許神會一九七七）或《西嶼鄉志》（西嶼鄉志編輯委員會一九九五）、「史料」即《澎湖縣鄉土史料》（臺灣省文獻委員會一九九二）、「姓氏」即《臺灣區姓氏堂號考》（楊緒賢一九七九）。由於各村里均透過訪問取得若干資料，因此若某一村列出其他的資料來源，則將「訪問」省略，但並非表示該村未經訪問。〔註40〕

# 二、民間信仰

## （一）信仰概況

　　澎湖居民的宗教信仰，以傳統的佛、道教為主，至於外來宗教，除馬公市外，幾無立足之地。〔註41〕至民國八十五年底為止，澎湖登記有案的寺廟、

〔註40〕同註三十八。

〔註41〕由於傳統上，澎湖宮廟的活動，皆是全體民眾共同參與的，甚至需輪值宮廟

教堂請見表四，由此可看出澎湖地區的信仰概況。

## 表四：澎湖登記有案的寺廟、教堂

| | 馬公市 | 湖西鄉 | 白沙鄉 | 西嶼鄉 | 望安鄉 | 七美鄉 | 總　計 |
|---|---|---|---|---|---|---|---|
| 道教 | 四十八 | 三十二 | 二十 | 二十五 | 十四 | 三 | 一四二 |
| 佛教 | 十七 | 十二 | 三 | 四 | ○ | 一 | 三十六 |
| 基督教 | 六 | ○ | 一 | 一 | 二 | 一 | 十一 |
| 天主教 | ○ | 二 | 一 | ○ | ○ | ○ | 四 |

資料來源：八十五年澎湖縣統計要覽

　　澎湖居民的信仰，雖說以佛、道教為主，但多數民眾不甚了解其教義，佛道教神明混合供奉的情形相當普遍（請見表五），故實質上澎湖民眾乃信奉傳統之敬天思想、祖先崇拜、道教、佛教之祝祇神靈，以及接近原始宗教之地方性巫術與泛靈信仰混合而成的「民間信仰」。

## 表五：澎湖宮廟供奉之主、副神

| 鄉　鎮 | 村　里 | 寺　廟 | 供奉主神 | 供奉副神 | 登記教別 |
|---|---|---|---|---|---|
| 馬公市 | 啟明里 | 北極殿 | 真武大帝 | 準提菩薩 | 道教 |
| 馬公市 | 朝陽里 | 三官殿 | 三官大帝 | 觀音佛祖 | 道教 |
| 西嶼鄉 | 小門村 | 震義宮 | 溫府王爺 | 如來佛祖 | 道教 |
| 西嶼鄉 | 內垵村 | 池王廟 | 池府王爺 | 觀音佛祖 | 道教 |
| 望安鄉 | 將軍村 | 天后宮 | 天上聖母 | 觀音大士 | 道教 |
| 馬公市 | 虎井里 | 大音宮 | 觀音佛祖 | 玄天上帝 | 佛教 |
| 湖西鄉 | 龍門村 | 觀音宮 | 觀音佛祖 | 註生娘娘 | 佛教 |
| 湖西鄉 | 許家村 | 港元寺 | 觀音佛祖 | 文衡聖帝 | 佛教 |
| 白沙鄉 | 吉貝村 | 觀音寺 | 觀音佛祖 | 天上聖母 | 佛教 |

資料來源：黃有興：《澎湖的民間信仰》（台北臺原出版社，一九九七年三月），頁四十一。

---

的一些職務，故民眾對宮廟之向心力極強。特別是離島，此種現象更為明顯。據將軍嶼陳明文牧師說：在他們這裡若有人突然改信了基督教，那幾乎是和全家人、全村子作對，社會壓力極大。所以他在此地傳教，相當困難。筆者曾採錄到這麼一個故事，可以為此說佐證。西嶼某三兄弟全改信了基督教，後來這三兄弟出海捕魚，遇大風浪而向附近的大船求救，但大船上的人，卻以他們是「信教」的，而不施予援手，最後這三兄弟就因此命喪大海了。

　　寺廟為民間信仰的中心，澎湖寺廟之多是有名的，當地人俗謂：「澎湖有三多：寺廟多、墳墓多、蒼蠅多。」澎湖廟宇如此多的原因，乃由於先民渡海來澎時，先要經過時有海盜橫行而又風浪險惡的台灣海峽，而航海設備的簡陋及木造帆船的安全性，使得先民一出海後，自然將一切身家性命交由上天做主。渡海之後，不僅需處處和澎湖惡劣的氣候水土奮鬥，又須時時面對瘴癘的困擾。這種情形之下，內心自然需要強大的力量作為精神上的支柱，因此便形成相當虔誠的宗教信仰。希望靈驗的神佛保佑他們健康，獲得一切幸福，避免各種災禍。

　　因此先民移居澎湖時，多將其故鄉守護神，或自己所有的神像、佛像帶來，作為精神上的支柱，增進奮鬥的勇氣。對於日常生活中的種種疑難雜症，往往便求神問佛，以擲筊問其吉凶決其行止。一旦人興財旺，為了答謝神恩，便共同出資籌建廟宇，將家中神明移入寺廟祭拜。然後，隨著生活的逐漸寬裕，便不斷的建築新廟，翻修舊廟。因此，澎湖寺廟之多，廟觀之雄偉，與民眾祭拜之虔誠，恆令外來遊客驚奇不已。

　　以民國七十六年而言，全省登記有案的寺廟有七千六百八十五座，澎湖的寺廟便有一百六十五座，占總數的百分之二‧一四強。而澎湖土地面積，僅占台灣地區總面積的百分之○‧三五。人口僅占全省總人口的百分之○‧六三。澎湖而有如此多之寺廟，幾乎可以說是全省寺廟密度最高的縣份。但壯麗的寺廟建築與地方經濟往往並不十分相稱。

　　例如桶盤島面積只有○‧三四三九平方公里，住戶僅六十一戶，人口只有三百七十八人，卻於民國六十四年籌資新台幣一千多萬元翻新一座「福海宮」，此廟規模龐大，在小小的村落中顯得十分突出。它的建築費用，平均每一戶需要分擔一十八萬六千元，實在是相當大的手筆。目前，澎湖較大的廟宇，幾乎都已翻修一新，建築費用大多由旅外同鄉及居民共同負擔，或由轄內漁船就漁獲中捐獻，大家出錢出力修建廟宇，許多原是平房的小廟，亦已改建成二、三層樓的大廟。〔註42〕

---

〔註42〕如：每月每艘大船捐一千、中船捐八百、小船捐七百。以上論述，參考黃
　　　　有興：《澎湖的民間信仰》，（台北臺原出版社，民國八十六年三月），頁四
　　　　十三。

## （二）幾種主要信仰

### 1、媽祖信仰

澎湖眾多寺廟中，最有名的莫過於號稱全台第一座媽祖廟的「開台澎湖天后宮」。創建年代無確實記載，相傳建於明代初年或更早，是澎湖早期居民的信仰及聚落中心，今馬公市之地名即由「媽宮」一詞變化而來。

澎湖民眾向來以海為田，漁民出海，莫不祈求媽祖庇佑海上平安、魚獲豐富，至今澎湖的每艘漁船上，幾乎仍供奉著媽祖的神像。甚至在民國八十九年媽祖聖誕的時候，舉行了全台少見的「媽祖海上繞境」活動，由數十艘漁船組成的船隊，浩浩蕩蕩的載著媽祖的金身，巡行澎湖大小海域及港灣，所到之處人山人海，香案鞭炮不絕，宛如嘉年華一樣，因此若說媽祖為澎湖最受崇敬的神明，一點兒也不為過。

### 2、王爺信仰

媽祖之外，「王爺」亦是澎湖甚受崇敬的神明。《澎湖廳志》卷九〈風俗·風尚〉條云：

> 各澳皆有大王廟，神各有姓，民間崇奉維謹。……神各有乩童，或以乩筆指示，比比然也。〔註43〕

在澎湖「王爺」又稱「千歲爺」、「恩主」、「大王」，澎湖「王爺」的信仰對象，其一是在宮廟中供奉為主、副神的「王爺」，其二是臨時被迎請至村莊公廟祭祀一段時間即予送走（焚化）的「王爺」。依據民國八十五年的統計，澎湖全縣廟宇有一百八十座，其中主神為王爺者，竟達四十四座。原來早期的移民渡海時，多會奉迎「王爺」或「千歲」隨船，藉以保佑海路平安，或安居後免遭瘟疫。到澎後，隨著生活的安定富足，紛紛建廟供奉，作為「當境守護神」。後來更由於乩童的渲染、「請王」、「送王」〔註44〕的盛行，新「王爺」

---

〔註43〕林豪：《澎湖廳志》卷九〈風俗·風尚〉條，（台灣銀行經濟研究室·民國五十二年六月），頁三二五。

〔註44〕所謂「請王」乃迎請「王爺」蒞臨村莊廟宇為客神，保佑村民平安之謂也。澎湖各地之「請王」，均由乩童傳達：「『王爺』已在此地候任，希望信眾恭迎，以保境內平安。」「請王」時首先要決定是否「請王」？如決定「請王」，則「請王」當天需準備很多節目，例如怎樣至海邊請「王爺」，如何將「王爺」請至廟內做「行臺」、如何彫塑「王爺」神像、「入神」、「開光點眼」，等到安頓妥當後需送「水菜」，即給「王爺」的兵馬送生的魚肉蔬菜，「王爺」安座後隨即「放營」，派「兵馬」駐紮本村各地保護民眾，農曆初一、十五應調五

不斷的出現，王爺廟越建越多，有後來居上之勢。

## 3、其他信仰

其次，關公亦廣受澎湖民間的崇拜。澎湖自古以來屢駐大軍，軍隊所奉祀的，往往就是武聖關公。影響所及，一般民眾亦加以祭祀膜拜。另外，玄天上帝的崇拜亦頗盛行，此可能因玄天上帝大多採乩童，顯示其神威，信徒認為頗有靈驗有關。上述諸神中，關公是「武聖」，是軍人崇拜的對象；王爺是「瘟神」，可保移民安居樂業，免遭瘟疫之難；媽祖及玄天上帝是海神，可保佑漁民出海平安順利。三者均與澎湖特殊的地理歷史背景有關。此外，亦有奉祀其他自然、亡靈、庶物崇拜及神話人物神祇者，茲將各寺廟所供奉之重要主神分類臚列如左，括弧中為以其為主神的廟宇數。

| | | |
|---|---|---|
| 觀世音菩薩（十八） | 關聖帝君（十七） | 玄天上帝（十六） |
| 釋迦牟尼佛（九） | 福德正神（八） | 天上聖母（七） |
| 朱府王爺（六） | 溫府王爺（五） | 保生大帝（五） |
| 蘇府王爺（四） | 池府王爺（四） | 李府王爺（四） |
| 水仙尊王（四） | 哪吒太子（四） | 吳府王爺（三） |
| 三官大帝（二） | 清水祖師（二）。〔註45〕 | |

大小寺廟，除了主神之外，都供奉副神，以祭祀三官大帝、玄天上帝、文衡聖君、水仙王、福德正神、媽祖、慈濟真君、保生大帝、清水祖師、王爺、千歲、財神爺、註生娘娘、臨水夫人、孚祐帝君、哪吒太子、觀音佛祖、釋迦牟尼、準提菩薩、地藏王菩薩等為副神者最多。較大的廟宇所祭祀的副神幾乎囊括了台灣所有民間神祇，以滿足民眾的各種信仰上的需求。〔註46〕

---

營兵馬在廟埕「犒軍」，至於如何「請王」，有一村單獨辦理，也有數村共同辦理，方式略有不同。一般咸信「請王」能禳災植福，使人安居樂業。「王爺」作客神有一定的期限，期滿即需離境，屆時，信徒為之建王醮，造王船，繞境後焚化，謂之「送王」。以上參考：黃有興〈澎湖的「祭王」行事〉，（《澎湖開拓史學術研討會實錄》，澎湖縣立文化中心，民國七十八年六月），頁三一二。

〔註45〕同註四十二。又見陳耀明：《澎湖的廟神》（澎湖縣立文化中心，民國八十四年六月），頁三十五～六十八。

〔註46〕同前註。

## （二）宮廟與聚落

澎湖的信仰體系中，每個聚落〔註47〕至少都擁有一間宮廟，宮廟通常是聚落中最高大、最華麗的建築，為當地的民眾的信仰中心。聚落之下又可分為數個「甲頭」，每個甲頭又有自屬的「甲頭廟」。以馬公市為例：現在有「天后宮」、「觀音亭」、「城隍廟」三間宮廟，這三間廟是屬於全馬公市的公廟，亦即此三座廟主神管轄的範圍包含整個馬公。馬公市以下又分東甲、南甲、北甲三甲。三甲各自擁有自己的甲頭廟：東甲為北極殿（主神管轄的範圍為重慶里、啟明里）、南甲為海靈殿（轄中央里及部份復興里）、北甲為北辰宮（管長安里）〔註48〕。甲頭廟之下又轄許多附屬廟（如土地廟、無主小廟）。以祭祀的角度來看，公廟為一大祭祀圈，甲頭廟為一中祭祀圈，附屬廟為一小祭祀圈。

澎湖的每個聚落單元，均設有「營頭」（或稱「五營」），下設東、西、南、北、中五營，分別駐守在聚落的東、西、南、北、中五方，各營均有一名元帥統領兵馬：東營張將軍，以青色令旗象徵，統帥九夷軍，兵馬九萬九千人；南營蕭將軍，紅色令旗象徵，統帥八蠻軍，兵馬八萬八千人；西營劉將軍，以白色令旗象徵，統帥六戎軍，兵馬六萬六千人；北營張將軍，以黑色令旗象徵，統帥五狄軍，兵馬五萬五千人；中營李哪吒將軍，以黃色令旗象徵，統帥三秦軍，兵馬三萬三千人。〔註49〕五營為隸屬聚落宮廟主神的兵馬，負責保境安寧及護衛主神的工作。與傳統的五行、五方軍事防衛觀念相同。同時，村民為感激五營兵將的辛勞，通常會於每月初一十五，舉行「犒軍」〔註50〕的儀式。

## （三）宮廟組織

各種宗教活動都必須靠人來推動，因此每座廟宇必須講求組織，然後才能集思廣益，或遵照神明指示，或依照眾議，決定一個年度的工作計劃，然後領導轄內之善男信女，按計劃推行。廟宇的組織包含鄉老及數組神職人員。

〔註47〕澎湖的聚落多沿襲舊時的社、里來劃分，約等同現在之村、里，但不完全相符。
〔註48〕馬公市因近年發展快速，有許多新興社區，所以神明管轄的範圍較廣。一般都是一村下分數甲，神明管轄的範圍很少超過村的。
〔註49〕高怡萍：《澎湖群島的聚落、村廟宇犒軍儀式》（澎湖縣立文化中心‧八十七年六月），頁五十二。
〔註50〕即犒賞軍隊，猶如現代之勞軍。詳註二十五。

## 1、鄉老

鄉老的成員多寡不一，有的地方稱「老大」、有的則稱為「頭家」、「董事」。其產生的過程，有的是邀集有意者，於神前以所擲筊數的多寡而定；有的是由信徒選舉產生；有的是由信徒來輪值，當值的期限普通為一年，亦有的兩年或三年不等的情況。神職人員多由一位「福官頭」（或稱法師長、法官頭）領導數位「小法」、一位「乩童」組成的（詳後），上述成員均是義務性質，在社里中地位非常崇高。

這些鄉老產生之後，便決定一年的工作事項。通常都是辦理一些神明壽辰或祭典等事宜，有的和其他廟有「交情」的（俗稱「交陪廟」），如遇其主神壽誕，董事皆要去參拜，這叫做「泡茶」。例如馬公市東甲、南甲、北甲之廟宇及火燒坪之靈光殿、重光里之威靈殿及西衛里之宸威殿等，彼等之間皆有「交情」，故每逢其廟之主神壽誕，皆有「泡茶」之禮，由輪值的董事來參與，算是一種敦睦性的禮儀。

馬公市的三座公廟：城隍廟、媽祖廟、觀音亭，皆有他們自己之廟產以及經費來源，而這三所廟宇一年中之神佛誕辰、醮事或民俗日的活動，皆要由馬公南、東、北三甲的值年董事來兼當，亦就是說每個甲的值年鄉老還需再兼一所公廟之董事，這三所公廟就由這三個甲的鄉老來負責輪流處理一年的廟務。

## 2、法師

在澎湖，法師又稱「壇頭」或「桌頭」，但其工作與台灣本島的「桌頭」未盡相同。台灣本島的桌頭任務就是請神來附在乩童身上，使他做為靈媒，並翻譯出乩童所說的話。而澎湖的法師是在宮廟辦事的，不但要精通法術，而且通曉祀神的儀式，訓練「小法」（詳後），並主持宮廟年中行事的法事事務；在私壇辦事的，也要精通符籙、咒語、指法等，能夠為人解決部分心理上的障礙，才能立足。〔註51〕

澎湖法師的派別，有「普庵派」（以普庵真人為宗祖）、「閭山派」（以閭山真人為宗祖）、「三奶派」（以臨水陳三奶夫人為宗祖）、「九天玄女派」等。其中以「普庵派」最多，「閭山派」次之。女巫則屬於「三奶派」、「九天玄女派」。至於離島的尫姨則不屬於任何派別。〔註52〕

---

〔註51〕同註四十二。頁八十三。
〔註52〕同註四十二。頁八十四。

### 3、乩童

乩童又稱「童乩」、「壇下」,在澎湖乃指經法師施法後,神靈降在其身上使他跳動,全身顫動,神智陷入昏迷狀態,而傳達神意者。其工作與台灣本島的乩童大同小異,包括:在廟宇乩壇說預言、看病、和解答疑難問題,迎神賽會時站在神輿後面隨同繞境巡視,作「破額」〔註53〕、「插五針」〔註54〕、「敲肩頭」〔註55〕等表示神威。故俗語說:「死乩童、活桌頭。」意思是說,整個法事的情況都操在法師手裡,法師要很有經驗才行。

台灣本島各地均有乩童,但不若澎湖之盛,澎湖乩童特多乃因王爺廟甚多之故。王爺廟主神例有乩童指示神意,兼以各地廟宇「請王」「送王」之風很盛,該時「王爺」通常會選召新乩童傳達旨意,致乩童數目更多。但乩童無法單獨作業,必須與「法師」配合,為之作法、翻譯、服務,才能作好神與人的媒介,於是「法師」亦活躍於廟宇與私人乩壇,其重要性甚至超越乩童之上,在漁村裏獲得民眾相當的重視。〔註56〕

### 4、小法

澎湖的民間信仰中,最具特色的是各宮廟有自己傳承的「小法」。小法為「小法師」的簡稱,又稱「福官」或「法官」,〔註57〕是各宮廟大大小小法事的主角,無給職的服務者。澎湖各宮廟活動之所以能熱鬧起來,能綿延不斷盛行,與小法的傳承有很大的關係。

澎湖各宮廟都有自己培育的小法群,通常由該廟的老法師(俗稱「福官頭」)負責小法的培養。每一宮廟每一期大都會點上六至八名兒童,訓練為小法。小法的產生方式有以下數種:一、由老法師選拔。二、由乩童選拔:在選中者的家門口插香,表示神選中他。三、由廟裡理事會和鄉老共同選拔。四、招募自願者或勸導適當人選參加。其年齡有七、八歲的;九到十一歲的;甚至十五六歲的。膺選條件以忠厚誠實為準,以防將來學會法術後,為非作歹貽害鄉里。

---

〔註53〕乩童以法器敲前額,使之流血謂之「破額」。
〔註54〕乩童用五營營頭插入兩頰、手臂、背部謂之(通常五營營頭的造型,為一鐵條上又一個人頭)。
〔註55〕乩童以法器敲肩頭,使之流血謂之。
〔註56〕同註四十二。頁八十四。
〔註57〕以澎湖當地的發音來說應寫成「福官」,但若依其義,則應寫成「法官」。

　　小法們負責宮廟活動中有關法事的部份，如：「洗淨」、〔註58〕「請壇」、〔註59〕「放營」、「召營」、「犒軍」、〔註60〕「操營」、「結界」、〔註61〕「造橋過限」、〔註62〕等各種表演。在往昔醫療不發達的情況下，小法也扮演「赤腳大夫」的角色，替人止血、安胎、催生、開藥方等、尤其心理治療方面的「鎮煞」、〔註63〕更為普及。

　　惜因時代的變遷，現在澎湖各宮廟，都面臨小法後繼無人的情況，有的村里因小孩讀書重要，只勸導幾位孩子勉強學學「請壇」及「犒軍」，差強還可在神明生日時，有一些鑼鼓聲點綴。有的只好找服完兵役的成年人來學習。至於要像往昔那麼認真，找出數位孩童來接受整套小法的培育，已不大可能了。這是頗為可惜的事。〔註64〕

### （五）民俗宗教活動

#### 1、善堂

　　各廟宇為了推廣其代天勸化、改善社會風氣之效，多成立所謂「善堂」，其組織有堂主一人、副堂主一人及各主務生及執務生若干人，其餘皆為堂生。

---

〔註58〕即「洗淨除穢」。小法作任何法時，一開始一定要先對作法的場地「洗淨」，才能作以後的動作。

〔註59〕即「請神降臨」，恭請神明降臨，附身於乩童謂之。做任何法事之前，都要先「洗淨」再「請壇」。

〔註60〕澎湖各廟宇的主神均有轄區，神明調請天兵神將駐紮於境內，鎮壓邪魔鬼怪作祟，以保佑閤境平安，謂之「調營」。這些兵將分為五營，分別鎮守村落的東、西、南、北、中五方。宮廟每逢神明誕辰或初一、十五，都會在廟埕舉行「犒軍」的儀式，以答謝眾兵將的辛勞。「犒軍」時要先「調營」，俟擲筊確認已調回全部「兵馬」後，再行「犒軍」。該時村民家家戶戶需準備牲禮或飯菜，招待神將兵馬。「犒軍」完再「放營」，令「兵馬」回歸各營。「調營」又寫做「召營」。

〔註61〕「操營」如同今之操練軍隊。神明誕辰時，由法師率領小法，各持色旗，隨法師之指揮及金鼓之聲起舞，恭請神明操練天兵神將，謂之「操營」。「操營」的目的是肅清轄區、斬妖除魔、保境安寧，稱之為「結界」或「格界」。

〔註62〕神明誕辰時，法師要率領小法施行「造橋過限」的法術，「造橋」乃造平安橋，讓信徒過橋，以獲得平安；「過限」即助信徒度過「限厄」。

〔註63〕一般民間所謂的被「煞到」或「沖到」，而引起諸事不順時，便需找小法來「鎮煞」。

〔註64〕以上「小法」一節及註解，參考黃有興：《澎湖的民間信仰》、吳永猛：《澎湖宮廟小法的功能》（澎湖縣立文化中心．民國八十五年出版）及沙港廣聖殿小法陳添裕先生的說明。

其主要的工作有：宣講經文、勸人向善；著造善書、印贈他人。並有所謂的「飛鸞」可為民解決病困疾苦之事，此即所謂之「濟世」活動。澎湖於咸豐三年（西元一八五三年）成立的「普勸社」（後改名為「一新社」），奉祀南天文衡聖帝（關公）、太醫院慈濟真君（許遜），設木筆沙盤，請神降乩示事，為全台鸞務的開基。

### 2、神明誕辰

各廟宇之神明壽辰活動，皆以主神之壽誕為最隆重。在未到之前數天，其主神即要「出巡」，出巡又稱為「繞境」，即恭請神明外出巡視其守護之境，並有所謂的「鎮符」，為各家宅帶來平安。是日由各廟宇之壯丁抬出神輿，遊行轄區之境，有時乩童上轎，小法等隨其後，沿途居民圍觀，乃澎俗之一大特色。差不多各寺廟皆有「鎮符」、「繞境」之習。神輿所過之處，不可有「不潔」之婦女觀看，否則便有「沖煞」〔註65〕之現象。

各廟主神誕辰之日，善男信女於一早便要以紅湯圓上供，以示誌慶，並由各廟中訓練出來之小法作操練（即操營格界）。下午則於廟埕前作一個小木橋（平安橋），眾人再由橋上走過，並於過橋時蓋上一神明大印於衣背上，如此以示可保平安（即造橋過限）。尤其小孩，過平安橋後，即得神明保佑，可平安順利成長。通常一般的廟會，早上是表演操營格界，下午再表演造橋過限。

### 3、建醮

大部分的廟宇，都會於一年當中，選擇一段時日來作「醮事」，「醮事」皆由道士至廟中主其事，費用則由董事向村民募捐，此即所謂「平安醮」。乃祈求民丁平安順利、國泰民安、風調雨順。「醮事」若由公家為之稱為「公醮」，如私人為之，則稱之為「私醮」。

### 4、元宵乞龜

元宵節是澎湖廟宇最為熱鬧的時節，各廟均有各式「米龜」、「黃金龜」、「金錢龜」供人乞取。近幾年，由於物富民豐，各種龜越作越大〔註66〕，每

---

〔註65〕乩童屬陽，不潔婦女屬陰，若「不潔」之婦女觀看神輿，即造成陰陽相沖，猶如兩車相撞，重則雙方皆亡，輕則乩童破功，女性則會發生不好的事，如生病、諸事不順等等。（據陳添裕先生說）

〔註66〕如民國九十年的元宵節，馬公市天后宮有六萬六千台斤的大米龜、鎖港北極殿的一百六十兩的黃金龜、山水上帝廟一百二十兩的黃金龜，都相當受人矚目。

年各宮廟乞龜的儀式，都成為當地的盛事，更為元宵節添增不少熱鬧的氣氛。

　　澎湖的民間信仰、宗教習俗，較之台灣，保存了較多的傳統，更有其獨特的特色。惜因時代的演變，這些民俗信仰有漸趨沒落之勢，至心盼望，澎湖的主政者，在大力「招商」之餘，也能對這些民俗信仰，多投注一分心力，如此則澎湖之大幸，人民之大幸也。

# 第三章　澎湖民間故事之整理與分類

## 第一節　澎湖民間故事的搜集整理

### 一、澎湖的民間文學

民間文學包羅的範圍極廣，舉凡：神話、故事、傳說、歌謠、諺語、謎語、歇後語……皆是其範疇。而澎湖的民間文學，就筆者所見有：神話、故事、傳說、童謠、褒歌、諺語、燈謎、歇後語數種。但由於澎湖僻處海外一隅，向來地貧民困，民眾在意的多是切身的經濟、民生問題。直至今日，「招商」仍是現任縣長賴峰偉先生的主要施政目標。因此，開始自覺的重視澎湖本土文化、有系統的搜集整理澎湖民間文學，不過是這幾年的事，所以目前可見成果仍相當有限。其中關於民間故事的部份的請見下文，至於其他成果，目前所見只有郭自得的《西瀛燈謎選》、〔註1〕洪敏聰的《澎湖風情話——諺語集》、〔註2〕《澎湖的褒歌》、〔註3〕高芷琳《澎湖諺語研究》〔註4〕四本專著。其餘成果則散見諸書（主要是文化中心的出版品）及《硓𥑮石》季刊（文化中心出版有關澎湖研究之雜誌），如洪敏聰的《西嶼鄉民俗概述》〔註5〕在「第七章雜項民俗」中收錄了西嶼的歌謠、傳奇故事，「第八章俗諺」中則收

---

〔註1〕郭自得：《西瀛燈謎選》，（澎湖縣文獻委員會・民國七十年六月）。
〔註2〕洪敏聰：《澎湖風情話——諺語集》，（澎湖縣立文化中心・民國八十五年六月）。
〔註3〕洪敏聰：《澎湖的褒歌》，（澎湖縣立文化中心・民國八十六年六月）。
〔註4〕高芷琳：《澎湖諺語研究》，（彰化師大國文所碩士論文，民國八十九年六月）。
〔註5〕洪敏聰：《西嶼鄉民俗概述》，（自印本，民國八十二年六月）。

錄了諺語及部份歇後語。《竹灣風情》〔註6〕在「語文篇」中收錄了流傳竹灣地區的傳說、童話寓言、童謠、民歌、諺語、謎語。《湖西鄉社區資源集錦》〔註7〕及《澎南區文化資源集錦》〔註8〕二書，皆在「庶民文化」項目下收錄了當地的諺語與歌謠。《赤崁漁業文化掠影》〔註9〕則在「常民生活與其他記憶」中收錄了當地的生活俗諺。高啟進、余光弘曾在《硓𥑮石》發表〈記我所知道澎湖地區的童謠〉、〔註10〕〈西溪帝公──大軀〉、〔註11〕談澎湖的童謠、歇後語。以上這些成果雖然還很有限，但代表了澎湖的文史工作者，已開始注意澎湖民間文學的搜集整理，相信未來必定有更好的成果展現。

## 二、澎湖民間故事的搜集整理

### （一）文獻記載方面

澎湖有關民間故事的文獻記載不是很多，早期的地方志書如：《澎湖廳志》、《澎湖紀略》並無類似的相關記載。民國之後，相關資料亦復闕如。就目前所見，除《憶澎湖》一書為民國六十七年出版之外，其餘差不多都是近幾年，由澎湖縣立文化中心出版的，數量不多，聊勝於無。茲將較重要的書籍簡介如後：

1、《憶澎湖》：作者陳豪。據書中自序的說明，本書為作者於民國六十三年至澎湖旅遊後，引發作者搜集澎湖各項歷史人文資料的動機，搜集所得先是投稿《司法通訊》，而後再刊印成書的。書中共分四十七項，由第一項的「澎湖名稱由來」、第二項「澎湖島六十四」，至最後一項「澎湖民間故事」。「澎湖民間故事」一項，共收澎湖民間故事七則：八仙過海、郡王玉帶、金珊瑚、吼門殲寇記、漁翁與龍女、蔡進士、張百萬。算是目前有關澎湖民間故事的較早記錄。〔註12〕

〔註6〕《竹灣風情》：(澎湖竹灣國小‧民國八十八年六月)。
〔註7〕《湖西鄉社區資源集錦》：(澎湖縣立文化中心‧民國八十六年六月)。
〔註8〕《澎南區文化資源集錦》：(澎湖縣立文化中心‧民國八十七年十二月)。
〔註9〕《赤崁漁業文化掠影》：(澎湖縣立文化中心‧民國八十五年十月)。
〔註10〕高啟進：〈澎湖的童謠〉，(澎湖《硓𥑮石》，民國八十四年十二月，第一期)，頁五十六。
〔註11〕余光弘：〈西溪帝公──大軀〉，(澎湖《硓𥑮石》，民國八十七年三月，第十期)，頁五十。
〔註12〕曾有講述者張耀卿先生告訴文化大學的採錄人員說，他小時候曾經看過一本《澎湖夜談》(或《澎湖夜譚》僅知其音)，書中記載了許多澎湖民間故事，但這本書目前已經找不到了。

2、《澎湖搜奇》：作者薛明卿先生。本書是作者早年服務於「海二廠」（海軍第二造船場）時，閒暇與同事聊起澎湖各地的傳奇故事、歷史人物，加以筆錄潤飾整理而成的。本書先於民國五十年間刊載於《台澎週刊》，後於民國八十六年，由文化中心重新彙編整理出版。本書內容共分成：人物、傳說、地方誌、宗教四部份，共六十八篇。其中「傳說」部份，收澎湖傳說三十九則。

3、其他：上述二書之外，其餘如《赤崁漁業文化掠影》、《二崁民俗活動專輯》、《湖西鄉社區資源集錦》、《澎南區文化資源集錦》、《西嶼鄉民俗概述》、《竹灣風情》等諸書，或多或少都提到了當地的民間故事傳說，但都只是書中的一小節或一小項，份量不多，故在此便不贅言了。

## （二）採錄整理方面

在採錄整理方面，就筆者所知，較具規模的採錄有以下幾次：

1、中國文化大學中文研究所師生的採錄：文化大學中文研究所師生，曾經於民國八十六年及八十七年二次來澎湖採集，二次皆由金師榮華領隊，率領研究所師生親至澎湖採集民間故事。雖然二次的停留時間都不長，但足跡已踏遍澎湖大小鄉鎮及主要離島，加上來者皆是經驗豐富、學有專精的採集能手，因此採集成果相當豐碩。採集所得經撿汲精粹、除其糟柏，已於民國八十九年出版為《澎湖縣民間故事》一書，內容包含了一三五則的澎湖民間故事，為近年採集成果最豐碩的學術單位。

2、澎湖專校師生的採錄：筆者於民國八十三年至澎湖專校任教，隨即於次年至文化大學進修博士學位，跟隨金師榮華學習民間文學的課程。民國八十五年，即將課堂所學，授予澎專學子，指導學生實際從事民間故事的採集。本人才疏學淺、經驗不足，學生亦非中文系科班學生，但在地利之便，大家眾志成城，以螞蟻雄兵之力，居然也採遍了澎湖各地及大小島嶼的民間傳說故事。前二年的採錄成績，經筆者去其複重，撿其菁華，共選故事一○五則，結集為《澎湖民間傳說》一書，做為學生的畢業紀念。之後筆者每年仍繼續指導學生從事民間故事的採錄，至今又已累積了百餘則，這些採錄成果，雖然在某些要求上，無法達到專業的水準，但由於數量不少，仍相當值得參考。

3、其他：上述之外，文化大學中文系及中正大學中文系的學生亦曾到澎湖採錄，但一則學生採錄的範圍不大，二則由於採錄重點主要是印證所學，俾使理論與實務結合，因此成果為何，就不是那麼重要了。

早期澎湖在民間故事的搜集整理上，作的並不理想，但這幾年，由於學術單位的參與、個人文史工作者的努力，情況已有改善，相信未來必有一番成績出現。

## 第二節　澎湖民間故事之分類與統計

### 一、故事之分類與統計

欲研究澎湖民間故事，首先必需將搜集所得之材料加以分類，由其類別之呈現及數量之多寡，了解此地盛行之故事種類，進而探討此類故事盛行之因由、反應之民情風俗及故事本身之特色。本節所據以分類之資料，為截至八十九年四月底的搜集所得，包括採錄資料及文獻、出版品的記錄。其資料來源已見上節，此處不再贅言。

本節之分類，基本上是以大陸《中國民間文學集成》之分類為基礎。一九八四年大陸的中國民間文學研究會（後改名中國民間文藝家協會）推動並主辦全國性的民間文學普查運動，目標為編輯出版《中國民間故事集成》、《中國歌謠集成》、《中國諺語集成》三套大書，簡稱《三套集成》，在普查的過程中「為了科學地妥善保存和管理這批文化資料，根據集成編纂總方案和各套集成編輯細則的有關規定，制定中國民間文學集成資料全國統一分類編碼管理施行方案，便於各地根據條件逐步實施。……分類原則和次序統一採用三級分類編碼，……按照民間文學的體裁劃分出神話、傳說、故事、歌謠、諺語五大類，為第一級。……大類以下，按照作品的體裁內容不同，劃分出中類，為第二級。……中類以下，再根據作品具體內容，劃分為若干小類，為第三級。……確實不易歸入所列諸類者，可列入「其他」類。……」〔註13〕本論文即依照上述《中國民間文學集成》之分類，再參酌澎湖地區實際情形增減而成。

另外，就統計數字上，筆者亦須略做說明，蓋筆者採用之資料，絕大多數皆為採錄資料，這些採錄而來的故事，內容沒有一則是完全相同的，但卻有不少是相近的，這些大同小異故事，或同樣的故事不同的敘述重點，該如何取捨計算呢？筆者曾考慮將這些大同小異之故事歸為「一種」，每一種故事

---

〔註13〕《中國民間文學集成工作手冊》，（北京：中國民間文學集成總編委員會辦公室編，一九八七年五月），頁一四七。

下，再統計其數目，但此種作法只能適合「單一情節」之故事，如遇上「複合式」之故事即無能為力了。舉例而言，甲故事敘述了包含 ABCD 四個情節之故事；乙故事敘述了 ABC 三個情節之故事；丙故事敘述了 ABDE 四個情節之故事；丁故事只敘述了 A 情節的故事。假定不考慮內容上的差異，上述四則故事該算成幾「種」故事？在澎湖名人蔡進士及張百萬二人的故事中，上述的例子俯拾皆是。因此二人皆為澎湖知名人物，有人由其生至死，講述的非常詳細，是一則故事；有人籠統的講過去，也是一則故事；有的只擷取他生平中的一、二個事蹟來講述，還是一則故事。同樣的一件事，如此多樣性的呈現，該如何去分別這些故事算一種，那些故事算一種呢？

所以經筆者審慎的考慮，有關資料數目之統計，還是用最簡單的「則」來計算，至於「大同小異」，「小同大異」之計算問題，則由筆者視其情況個別考量，此處無法一一說明。如此雖然不盡客觀，卻也不得不然，不過筆者將盡可能秉持客觀公平之態度，為澎湖民間故事作最嚴謹之分類及統計，期使這項工作能為複雜多樣的澎湖民間故事，理出一個章法及特色來。

## 澎湖民間故事分類統計

　　總計：六六一則
　　神話：六則
　　故事：五十五則
　　傳說：六〇〇則

### 神話類　　　　　　　　　　　資料來源總計（採錄、文獻）

　　一、祖先奇異誕生神話　　　　一（一、〇）
　　二、星宿神話　　　　　　　　二（二、〇）
　　三、其他自然神話　　　　　　三（三、〇）

### 故事類

　　一、幻想故事　　　　　　　　二十四（二十四、〇）
　　　　1、天女下凡故事　　　　　二（二、〇）
　　　　2、其他幻想故事　　　　　二十二（二十二、〇）
　　二、動物故事　　　　　　　　七（七、一）
　　　　1、野獸和家畜的故事　　　六（五、一）
　　　　2、魚類的故事　　　　　　一（一、〇）

　　2、宗教風俗傳說　　　　　　　　　　一（〇、一）

四、風水傳說　　　　　　　　　　　　　三十九（二十八、十一）

五、宮廟神靈傳說　　　　　　　　　　　二三八（一八八、五十）

　　1、寺廟宮觀傳說　　　　　　　　　　九十四（七十、二十四）

　　2、神明傳說　　　　　　　　　　　　一〇三（八十六、十七）

　　3、靈異傳說　　　　　　　　　　　　四十一（三十一、十）

六、其他傳說　　　　　　　　　　　　　二十（十九、一）

　　以上六六一則澎湖民間故事，其資料來源統計如表六

## 表六：澎湖民間故事資料來源

| | 文　獻 | 採　錄 | 總　計 |
|---|---|---|---|
| 神話 | 〇 | 六 | 六 |
| 故事 | 一 | 五十四 | 五十五 |
| 傳說 | 一〇〇 | 五〇〇 | 六〇〇 |
| 總計 | 一〇一 | 五六〇 | 六六一 |
| 百分比 | 十五% | 八十五% | 一〇〇% |

## 二、採錄地點及講述者資料之統計

　　以上六百則民間故事，就採錄所得部份，統計其採錄地點及講述者資料，提供未來進一步研究之參考。資料來源為採錄者的記錄。

### （一）採錄地點

### 表七之一：採錄地點及故事發生地點分佈表——就島嶼來分

| 島　嶼 | 採錄地點 | 故事發生地點 | 村　里 | 採錄地點 | 故事發生地點 |
|---|---|---|---|---|---|
| 澎湖本島 | 〇 | 〇 | 中屯嶼 | 〇 | |
| 西嶼 | 〇 | 〇 | 大倉島 | | 〇 |
| 白沙島 | 〇 | 〇 | 員貝嶼 | | 〇 |
| 望安島 | 〇 | 〇 | 桶盤嶼 | | |
| 七美島 | 〇 | 〇 | 測天島 | | |
| 花嶼 | 〇 | 〇 | 吉貝嶼 | | |
| 虎井嶼 | | 〇 | 東嶼坪 | | |

| | | | | | |
|---|---|---|---|---|---|
| 將軍澳嶼 | ○ | ○ | 西嶼坪 | | |
| 小門嶼 | ○ | ○ | 東吉嶼 | | |
| 鳥嶼 | ○ | ○ | 目斗嶼 | | |

說明：澎湖群島中，有人島二十，實地採錄島嶼十一，其中目斗嶼僅有燈塔看守人，
　　　測天島為海軍基地一般人無法進入。

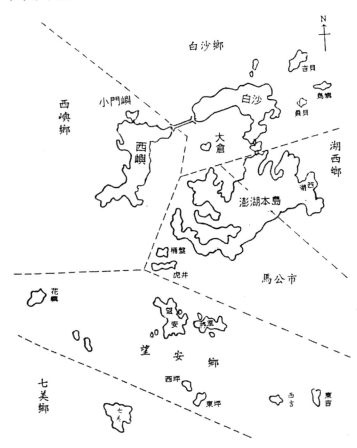

## 表七之二：採錄地點及故事發生地點分佈表——就行政區域來分：

### （1）馬公市：三十四里

| 村　里 | 採錄地點 | 故事發生地點 | 村　里 | 採錄地點 | 故事發生地點 |
|---|---|---|---|---|---|
| 西衛 | ○ | ○ | 鐵線 | ○ | ○ |
| 重光 | ○ | ○ | 鎖港 | ○ | ○ |
| 東衛 | ○ | ○ | 重慶 | ○ | ○ |
| 安宅 | ○ | ○ | 啟明 | ○ | ○ |

| 興仁 | ○ | ○ | 五德 | ○ | ○ |
|------|----|----|------|----|----|
| 烏崁 | ○ | | 中興 | ○ | |
| 西文 | ○ | ○ | 東文 | ○ | |
| 新復 | ○ | ○ | 陽明 | ○ | |
| 中央 | ○ | ○ | 光明 | ○ | |
| 石泉 | ○ | ○ | 光榮 | ○ | |
| 朝陽 | ○ | ○ | 案山 | ○ | |
| 菜園 | ○ | ○ | 光復 | ○ | |
| 井垵 | ○ | ○ | 長安 | ○ | |
| 虎井 | | ○ | 復興 | ○ | |
| 嵵裡 | ○ | ○ | 前寮 | | ○ |
| 風櫃 | ○ | ○ | 光華 | | |
| 山水 | ○ | ○ | 桶盤 | | |

（2）湖西鄉：二十二村

| 村　里 | 採錄地點 | 故事發生地點 | 村　里 | 採錄地點 | 故事發生地點 |
|---|---|---|---|---|---|
| 許家 | ○ | ○ | 太武 | ○ | |
| 菓葉 | ○ | ○ | 湖西 | ○ | |
| 隘門 | ○ | ○ | 中西 | ○ | |
| 成功 | ○ | ○ | 白坑 | ○ | |
| 西溪 | ○ | ○ | 沙港 | ○ | |
| 紅羅 | ○ | ○ | 潭邊 | | ○ |
| 龍門 | ○ | ○ | 尖山 | | ○ |
| 林投 | ○ | ○ | 鼎灣 | | ○ |
| 南寮 | ○ | ○ | 青螺 | | ○ |
| 湖東 | ○ | | 東石 | | |
| 北寮 | ○ | | 城北 | | |

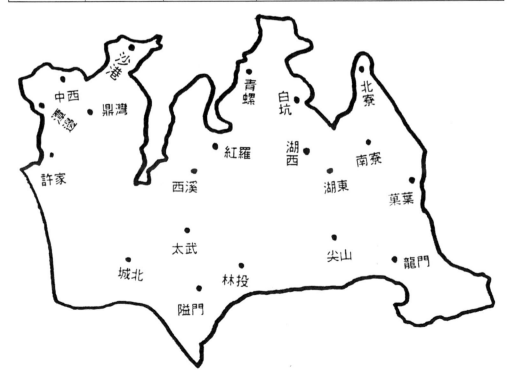

（3）白沙鄉：十五村

| 村　　里 | 採錄地點 | 故事發生地點 | 村　　里 | 採錄地點 | 故事發生地點 |
|---|---|---|---|---|---|
| 講美 | ○ | ○ | 小赤崁 | ○ | |
| 後寮 | ○ | ○ | 港子 | ○ | |
| 瓦硐 | ○ | ○ | 城前 | | |
| 中屯 | ○ | ○ | 員貝 | | |
| 鳥嶼 | ○ | ○ | 鎮海 | | |
| 赤崁 | ○ | ○ | 吉貝 | | |
| 通梁 | ○ | ○ | 岐頭 | | |
| 大倉 | | ○ | | | |

（4）西嶼鄉：十一村

| 村　里 | 採錄地點 | 故事發生地點 | 村　里 | 採錄地點 | 故事發生地點 |
|---|---|---|---|---|---|
| 竹灣 | ○ | ○ | 二崁 | ○ | ○ |
| 小門 | ○ | ○ | 合界 | | ○ |
| 大池角 | ○ | ○ | 橫礁 | | |
| 外垵 | ○ | ○ | 池東 | | |
| 內垵 | ○ | ○ | 池西 | | |
| 赤馬 | ○ | ○ | | | |

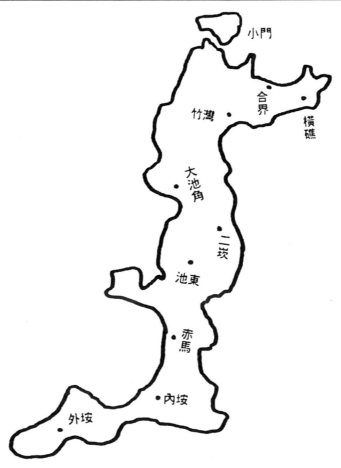

（5）望安鄉：九村

| 村　里 | 採錄地點 | 故事發生地點 | 村　里 | 採錄地點 | 故事發生地點 |
|---|---|---|---|---|---|
| 西安 | ◯ | ◯ | 中社 | ◯ | |
| 將軍 | ◯ | ◯ | 東嶼坪 | | |
| 水垵 | ◯ | ◯ | 西嶼坪 | | |
| 花嶼 | ◯ | ◯ | 東吉 | | |
| 東安 | ◯ | | | | |

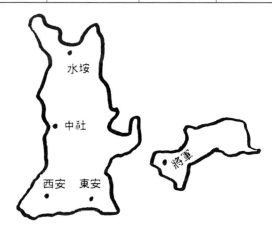

（6）七美鄉：六村

| 村　里 | 採錄地點 | 故事發生地點 | 村　里 | 採錄地點 | 故事發生地點 |
|---|---|---|---|---|---|
| 南港 | ◯ | ◯ | 東湖 | ◯ | ◯ |
| 海豐 | ◯ | ◯ | 平和 | | |
| 中和 | ◯ | ◯ | 西湖 | | |

## （二）講述者資料

1、講述者共一九一人，其中男性一六一人，女性三十人（詳附錄一）。資料來源為採錄者之記錄。

2、講述者個人資料分析

### 表八之一：講述者年齡統計

| | 20歲以下 | 21～30歲 | 31～40歲 | 41～50歲 | 51～60歲 | 61～70歲 | 71～80歲 | 81～90歲 | 總計 |
|---|---|---|---|---|---|---|---|---|---|
| 男 | 一 | 七 | 九 | 十四 | 三十 | 三十八 | 三十七 | 十五 | 一五一 |
| 女 | ○ | 五 | 二 | 三 | 七 | 七 | 四 | ○ | 二十九 |
| 總計 | 一 | 十二 | 十一 | 十七 | 三十七 | 四十五 | 四十一 | 十五 | 一八○ |

### 表八之二：講述者教育程度統計

| | 不識字 | 識字 | 私塾 | 日本教育 | 國小 | 國中 | 高中/職 | 專科 | 大學 | 總計 |
|---|---|---|---|---|---|---|---|---|---|---|
| 男 | 九 | 八 | 四 | 十七 | 三十一 | 九 | 十九 | 十六 | 九 | 一二二 |
| 女 | 五 | 一 | ○ | 一 | 十 | 一 | 二 | 四 | ○ | 二十四 |
| 總計 | 十四 | 九 | 四 | 十八 | 四十一 | 十 | 二十一 | 二十 | 九 | 一四六 |

### 表八之三：講述者職業統計

| | 漁 | 商 | 寺廟相關人員 | 教 | 公 | 工 | 學生 | 農 | 村長 | 軍警 | 服務業 | 民代 | 旅遊業 | 其它 | 總計 |
|---|---|---|---|---|---|---|---|---|---|---|---|---|---|---|---|
| 男 | 十八 | 十二 | 十六 | 十二 | 九 | 八 | 七 | 六 | 三 | 三 | 三 | 一 | 一 | 三 | 一○二 |
| 女 | ○ | 六 | ○ | 一 | 一 | 二 | 三 | 二 | ○ | ○ | ○ | 一 | 一 | ○ | 十七 |
| 總計 | 十八 | 十八 | 十六 | 十三 | 十 | 十 | 十 | 八 | 三 | 三 | 三 | 二 | 二 | 三 | 一一九 |

說明：寺廟相關人包含廟祝、廟公、管理人、頭家、主任委員、道士等。

# 第四章　澎湖的神話及故事

## 第一節　神話

　　澎湖的神話，迄今所知只有：「牛郎織女」、「天為什麼那麼高」、「地震的原因」、「澎湖人的起源」、「為什麼人一天要吃三餐」數則。台灣的社會雖然是一個以漢族為主體的社會，但卻是一個歷史不很久的移民社會，所以在原始神話方面，並沒有什麼本土性的神話。相對於台灣本島而言，澎湖在神話方面，除了傳承源於漢民族的一些神話外，竟然還發現了「澎湖人的起源」這種很罕見的本土性神話，很值得重視。

## 一、天的神話

> 以前天是貼在我們屋頂上面的，那時候我們把高粱的桿子綁成一束，
> 用來打掃東西，有人用高粱桿刷尿桶後，又用來清理天。天怕臭，
> 就越躲越高、越躲越高了。〔註1〕

天因為怕臭，所以才會往上躲，越躲越高、越躲越高。這個說法很有趣，或許「天為什麼這麼高？」是先民的共同疑問，所以各地、各民族都流傳著許多為什麼天會這麼高的故事：

> 從前天沒有這麼高。有一個撿豬糞的挑了一個豬糞桶，邊挑邊撿拾
> 豬糞，頭一抬起來就頂到天，於是拿起撿豬糞的木刺撐天，邊撐邊
> 說：「天啊，你要高一點啊。」一直撐、一直撐，天就一直撐高，一

---

〔註 1〕金榮華：《澎湖縣民間故事集》，（台北中國口傳文學學會‧民國八十九年十月），頁三。

直撐高。結果，天撐得太高了，人就都碰不到天了。〔註2〕

從前，天是很低的，為什麼現在會這樣高呢？事情是這樣的：有一天，一個孕婦用長杵舂米，因為天距離地太近，讓她熱得受不了，於是她就邊舂米邊用長杵把天頂高一點。可是當她覺得天已經夠高時，天卻不肯停了，它一直一直往上升，所以現在天離地那麼遙遠。〔註3〕

在很古很古的時候，天和地只相隔三尺三寸三分遠，……天地離得這麼近，做什麼也不方便，大家就都抱怨。那時，有個後生名叫力戛……就挽衣捲袖地對大家說：「你們躲開點，讓我把天撐高一些。」……他使勁用兩手把天往上一撐，天就被撐上去了九萬九千九百九十九丈高，地就被蹬下去九萬九千九百九十九丈深……從此以後，天高了，地低了，天地隔得很遠很遠了。……〔註4〕

前面三則引文中，第三則是貴州布依族的神話，第一、二則是台灣地區的神話，和澎湖的說法有著異曲同工之妙，都是利用某一種器物將天撐高，但由於使用器物的不同，而顯示出各地方不同的特色。在澎湖，由於高粱耐旱，是很普遍的一種農作物，收成之後，老一輩的人通常會將廢棄的高粱桿綁成一束，當做刷子來打掃東西，這和台灣將竹子的一端剖成細竹條來刷洗物品不同。由於台澎二地的氣候、土壤不同，物產也有異，故反應於故事中的「情節單元元素」便有所不同。

## 二、人的神話

人是怎麼來的？古籍上說人是盤古身上的小蟲所變的：「身之諸蟲，因風所感，化為黎甿。」〔註5〕也有說是女媧用黃泥捏出來的。〔註6〕美國人，則

---

〔註2〕胡萬川：《宜蘭縣民間文學集——羅阿峰、陳阿勉故事專輯》（宜蘭縣立文化中心·八十六年六月）。頁十九。

〔註3〕金榮華：《台東卑南族口傳文學選》，（台北中國文化大學·民國七十八年八月），頁十五。

〔註4〕馬昌儀：《中國神話故事》，（北京廣播電視出版社·一九九六年九月），頁一四五。

〔註5〕據《繹史》卷一引徐整：《五運歷年紀》：「首生盤古，垂死化身。氣成風雲，聲為雷霆，……身之諸蟲，因風所感，化為黎甿。」

〔註6〕據《太平御覽》卷七十八引應劭：《風俗通義》：「俗說天地開闢，未有人民，女媧摶黃土作人。」

被取笑說是人和猴子生出來的（請見第七章第三節「其他傳說」）。那澎湖人呢？據說是兩條絲瓜變出來的：

> 我是澎湖人，小時後，聽我們澎湖的老人家說：天上掉下來兩條絲瓜，變成一個男人和一個女人。他們在澎湖生了很多人，這就是澎湖人的由來。〔註7〕

這則「澎湖人由來」的神話很值得重視。如前所述，澎湖是個已開發的移民社會，按理來說，應該只會有源於原居地的古神話，而不會有新神話。但這則神話，結合了澎湖的物產來說明澎湖人的由來，很明顯是在澎湖本土產生的新神話，是相當罕見值得重視的。至於為什麼要說澎湖人是絲瓜變的，而不是西瓜、南瓜？猜想大概是由於澎湖絲瓜長相奇特之故。澎湖絲瓜是此地名產，其外表瘦長兼有十條凸出的稜角，與台灣絲瓜肥短平滑的外表大不相同，因此台灣還有一則歇後語這麼說：「澎湖絲瓜——十稜（雜唸）」也許就是因為澎湖絲瓜是這麼與眾不同，所以才會令人產生聯想，說澎湖人是由絲瓜變出來的。其實由瓜中出生的不只是澎湖人，傳說中的孟姜女也是由瓜中出生的，瓜生在孟、姜二家，所以由瓜中生出來的女孩，就叫做「孟姜女」。〔註8〕

中國各民族有關其始祖出生的神話很多，分析起來，各民族對其始祖的來源，至少有以下十數種說法：

（一）天神造人。僅以造人的材料而論，就有：1、泥土造人。漢族有女媧造人、兄妹造人、盤古用鼻血和泥造人。2、木頭刻人。滿族支系恰喀拉人是老媽媽神用石刀片在木頭上刻出來的。苦聰人也是神刻木而造的。3、土家族的依羅娘娘造人，是用竹竿做骨，荷葉做肝肺，豇豆做腸，蘿蔔做肉，葫蘆做腦殼，通七個眼眼，再吹一口仙氣，人便做成了。4、皮繩做人。四川白馬藏族是用拉馬的韁繩砍開多節，拋向各處，便成了人。

（二）播種生人。鄒族說，哈莫天神在土地裡播植人種，土裡長出來的便是現在人類的祖先。

（三）女神嘴中吐人。維吾爾族說，女神吸了一口氣，把宇宙的土和空

---

〔註7〕同註一。頁八。
〔註8〕賀學君編：《中國民間愛情故事》，（北京廣播電視出版社，一九九六年九月），頁十一。甚至有的傳說說范杞良，也是瓜生的，瓜生在范、杞二家，所以生下的孩子就叫做范杞良。見譚達先：《中國四大傳說新論》，（台北貫雅圖書公司，民國八十年五月），頁六十四。

氣吸入肚子裡，然後，使勁吐出了日、月、地球、星星和人。

（四）聲音回響變人。雲南的苗族說，天神讓洪水後的遺民母子二人結合繁衍後代，把母親變成一個姑娘，於是母子二人結合，子得知後，狂跑，二人的回聲響徹山川原野，聲音傳到哪裡，哪裡便有了男人和女人。納西族的神話中也有人是聲音與氣息所生的情節。

（五）天神投影生人。也是雲南苗族的神話中說，人是男神敖玉、女神敖古的身影投射而生的。

（六）神膝相擦生人。台灣雅美族說，男人和女人是兩位天神的膝相擦生下來的。

（七）動物變人。瑤族人說，蜜蜂可以變人。白族人說，海底的大金龍吞食了太陽，自身炸開成無數碎片，其中的肉核變成了男人和女人。摩梭人說，猴子吞了神鷹蛋，蛋從猴肚中飛出，蛋核變成了摩梭人的女祖先昂姑咪。

（八）植物變人。台灣鄒族神話說，人是樹上的果子變的，楓樹果變成了鄒人的祖先，茄苳樹果變成了漢人的祖先。雲南苗族神話說，神把桃花灑向四方，變成了人。德昂族認為，人是茶葉兄妹變的，樹上的百片樹葉變成百個人。

（九）石頭生人。畲族人說，人類的祖先是從石頭中走出來的。此外，如石洞出人、葫蘆生人、動植物生人、人與神交生人、人與動物交生人、太陽生人、動物蟲類或巨人屍體化生為人……都可以在我國各民族的神話故事中找到反映。〔註9〕

由上述的說明可知，不獨澎湖，中國各民族皆有其獨特而豐富的始祖神話。在「人的神話」這部份，還有一則「為什麼人要吃三餐」的故事：

> 本來，我們三天祇要吃一餐就可以了。有一次，天上派神來巡視人
> 間，回去報錯了，說我們是一天吃三餐。從此我們就一天吃三餐，
> 生活才會這樣艱苦。〔註10〕

類似這種因傳錯話而導致人一天要吃三餐的說法，廣西的麼佬族也有：

> 從前，天很低，竹子因為被天擋住，沒法往上長，頂端只好往下彎。

---

〔註9〕以上（一）～（九）參考馬昌儀編：《中國神話故事》，（北京廣播電視出版社·一九九六年九月），頁二。
〔註10〕同註一。頁八。

習慣了，直到現在還直不起來。由於天太低了，人們隨便搭兩三把樓梯就可以到天上去玩。有個叫達伙的青年，幾乎每天都到天上去一趟。（所以玉皇大帝就給了他一些種子。教他種莊稼的方法，不要天天到天上遊玩。後來穀子成熟了，）人們高高興興地把大米煮成白米飯，又甜又香。大家邊吃邊問：「達伙呀，這白米飯太好吃了，往後我們多久吃一餐呀？」達伙說：「磨坊仙子講了，玉皇大帝叫我們一天吃三餐。」從那以後，人們就會做磨籠磨穀了，一天吃三餐飯。誰知磨坊仙子把話傳錯了，原來玉皇大帝規定：凡間人和天上神仙一樣，三天吃一餐。這磨坊仙子把三天吃一餐說成了一天吃三餐。人們吃的餐數多了，屙的也多了，大地上到處是屎尿，臭氣熏天。一天，玉皇大帝正在召集眾仙在宮廷議事，忽然一股臭氣撲來，臭不可聞，玉皇大帝忙掩著鼻子問：「哪來這股臭氣，令人作嘔！」眾仙子說：「一定是凡人搞什麼鬼。」玉皇大帝聽了，忙派人把達伙叫上來問。達伙到了天上，玉皇大帝一問，才知道是磨坊仙子把話講錯了，不禁勃然大怒，把磨坊仙子按倒在地，重重打了七十二大板，並罰他到人間來做一個拱屎蟲，把人們屙在地上的屎吃掉，吃不完的，還要挖洞埋到土裡去。隨後，又封達伙到天上做了磨坊仙子，並把天升高起來，以防避地上的臭氣熏天。從此以後，人們就再也不能到天上去玩了。〔註11〕

這則故事提到玉皇大帝因為怕臭，所以才把天升高，同時由於磨坊仙子傳錯話，所以使得原來只要三天吃一餐的人類，變成一天要吃三餐。這二種說法，都和澎湖的說法類似，只是澎湖的故事在最後說了一句：「從此我們一天吃三餐，生活才會這樣艱苦。」短短一句話，便使得整個故事所蘊含的意義，和麼佬族有所不同。這則故事是在澎湖的一個三級離島──將軍所採集到的，話中之意似乎是說，人若只要三天吃一餐，便不必為了填飽肚子而每日奔波勞碌，如此生活的壓力便會輕些。這樣的說法，對照講述者身處三級離島環境的艱困環境，無疑著有著更深刻的意義。較之麼佬族坦蕩的說，因為吃多所以拉多，以至於地面很臭，天因而升高的說法，是完全不同的。

〔註11〕陳慶浩、王秋桂編：《中國民間故事全集》，（台北遠流出版公司・民國七十八年十二月），第十三冊，頁九。

## 三、地的神話

關於地震的神話，漢族人認為這是因為地底下睡著一隻牛，地震是「地牛翻身」的結果，所以老一輩人的口中，就流傳著這樣的一個說法：

> 以前老人家說地震是「地牛翻身」。房子震動時，人就對著地面說：「哦！哦！」就是叫地下的牛不要動。這樣安撫牠，牠就不會動了。
> 〔註12〕

地底下當然不會住著牛，自然也不需要人類的安撫，但最初的人民並不了地震的由來，故認為地震是因為地底下是有某種生物作怪的緣故，如日本人便認為地震是地底下的鯰魚游動的結果。而牛是漢族中很常見的一種耕畜，氣力又大，故先民才會認為地震是地牛翻身的結果。類似的說法，則是卑南族的地牛打鬥說：

> 地震是因為在地底下有牛彼此互鬥，所以地震過後，你們如果到房子的牆壁去看，你們會發現牛毛，你們沒有留意嗎？如果是大地震，你們會聽到一個響聲「哞」，那就是牛在鬥。如果有強烈地震發生的話，那是因為我們人類犯罪太多，不好好敬天。那種強烈地震不是因為地底下有牛在鬥，而是上天的一種懲罰，是因為人類犯罪太多而給的一種懲罰。〔註13〕

這則卑南族的神話雖也提到地震是因為地牛打架的緣故，但從卑南族的生活環境及耕作方式來判斷，「地牛」之說，應該是由漢族傳進去的。對於無限廣大又深不可測的大地，人們總是充滿了好奇，想像著地底下是不是住著其他生物或人類。在這種心理影響之下，人們認為，地震是地底下某種生物造成的結果，也是可以理解的。在澎湖老一輩的口中，地底下不僅有一頭大的地牛，在地震時要發出「哦！哦！」的聲音安撫牠不要動，還說地底下也住著人，這些地底人不但有房子，而且還和地面上的人一樣，用餿水來養豬：

> 有人挖井，挖到下面時，聽到有人在下面說：「你挖到我的唇角了，不要再挖了！」
>
> 以前有人開井，開到井底，看到下面還有房子，還聽到有人叫豬吃餿水的聲音。〔註14〕

---

〔註12〕同註三。頁五。
〔註13〕同註三。頁十五。
〔註14〕同註一。頁二三七。

這些地底人，顯然過的也是中國傳統的農業生活，這樣的說法，不僅有趣，也顯示出澎湖人可愛的一面。

## 四、牛郎織女的神話

七夕是中國的情人節，其由來是因為牛郎織女的浪漫愛情故事，這樣的一則故事，在澎湖這裡是這樣說的：

> 織女是天帝的女兒，她愛上了牛郎，天帝就讓他們結婚。但是結婚以後兩人把織布和放牛的事都荒怠了。於是天帝就用銀河將他們隔開，河的東邊是牛郎，西邊是織女，不讓他們在一起，又叫那個耳聾鳥去通知他們，讓他們七日見一次面。可是耳聾鳥把七日聽成七夕，去通知他們說：「天帝讓你們七夕見一次面。」所以牛郎和織女祇能一年見一次面了。牛郎星兩邊有二個小星，那是牛郎用擔子挑著的二個孩子；織女星前有二個小星，那是織女牽著的二個孩子。
> 〔註15〕
>
> 上天本來是要給牛郎織女七日見一次面的，但傳話的人耳朵重，聽成七夕見一次，才變成一年見一次。他們生了四個小孩，一人帶兩個，牛郎擔子在兩邊，織女抱子在胸前。牛郎織女每年見面的時候都會哭，他們一哭，天就會下雨。現在他們比較老，不會哭了，所以七夕比較少下雨。〔註16〕

這二則牛郎織女故事，利用星宿排列的形狀加以想像，把織女星旁的兩顆小星，說是她的幼兒。而牛郎星，在民間早就有「扁擔星」之稱，與兩旁較暗、較小的二顆星正好成「∧」字形，就像扁擔的兩端，擔著重物下垂的樣子，所以民間說這是牛郎用扁擔挑著他的二個孩子。這種想像和傳說由來已久，民間並以之做為版畫題材（圖一）〔註17〕可見其在民間流傳之深遠。此外，在七夕下雨傳說這部份，澎湖的說法是很淒美的：「牛郎織女每年見面的時候都會哭，他們一哭，天就會下雨」。但是在雲林的說法，七夕下雨的原因可就完全不是這麼回事了：

---

〔註15〕同註一。頁三。

〔註16〕同前註。頁四。

〔註17〕呂勝中：《中國民間木刻版畫》，（湖南美術出版社·一九九四年五月），頁五十四。

話說牛郎每次一餐就把用過的碗啦、筷子啦、盤子、碗公等都疊起來，等候七月初七時，織女來和他一起洗這些餐具。一時間要洗三千桶又五 cue7 載的碗筷，所以每年的農曆七月七日都下雨，就是織女洗碗洗得流淚之故呀。〔註18〕

此一神話之產生時代已不可考，而最早把牽牛、織女引在一塊的是《詩經・小雅・大東篇》：

維天有漢，監亦有光。跂彼織女，終日七襄。雖則七襄，不成報章，睆彼牽牛，不以服箱。〔註19〕

詩中說織女星一夜七移，只有西向而無來回，不像人用織布機，梭子一來一往，可以織出文采交錯的布帛來；牽牛星雖有牽牛之名，卻不能夠負起拉大車廂的任務。換言之，此詩是以星名的有名無實，來諷刺西周貴族的橫徵暴斂。在這首詩，我們看不出牽牛和織女有什麼關聯，有的，也只是詩歌形式上引為對稱的兩個偶句，這和同詩中所謂：「維南有箕，不可以簸揚，維北有斗，不可以挹酒漿。」一樣，以「箕」、「斗」構成兩個對稱的名詞。詩中只

〔註18〕 胡萬川：《雲林縣民間故事集》，（雲林縣立文化中心・民國八十八年十二月），頁六十九。
〔註19〕 屈萬里：《詩經詮釋》，（台北聯經出版社・民國七十二年二月），頁三八九。

有比喻而無故事，故我們無法確定牽牛織牛神話，此時是否形成，但在銀河（天漢）之後，緊接著將兩星並提，顯示牽牛、織女二星和銀河的關係密切。而牽牛、織女二星中間隔著一道天河，的確也在很容易引人遐想。但一直到了東漢末年，古詩十九首中的〈迢迢牽牛星〉，牽牛織女的神話才露出一點點故事的輪廓：

> 迢迢牽牛星，皎皎河漢女。纖纖擢素手，札札弄機杼。終日不成章，
> 涕泣零如雨。河漢清且淺，相去復幾許。盈盈一水間，脈脈不得語。

〔註20〕

詩中「終日不成章，涕泣零如雨」二語，仍沿著《詩經・小雅・大東篇》：「終日七襄，不成報章」的意思而來，何以二詩皆強調織女「不成報章」？推測起來，或許早在許久以前，便有一則古神話這麼流傳著：由於牽牛和織女相愛，違反了天規天條，所以被天帝罰做織布的工作，允其「成章」之後，讓二人相會。織女成年累月被罰在天庭織布，做著這「不成章」的徒勞工作，遙望清淺銀河彼岸的情人，一水之隔，不得相會，故才悲從中來：「涕泣零如雨」。如果這個猜測是正確的話，那麼「不成章」是沿襲「不成報章」而來，則「不成報章」當亦實有所指，不止是個譬喻了。推而廣之，牽牛的「不以服箱」應當也不僅是個譬喻，也是實有所指了。換言之，在詩之前，應該還流傳著一則有關牛郎織女的愛情神話：牽牛織女二人因私自戀愛，觸怒神意因此受罰，一者織布不能成章，一者駕車不能挽箱，二人只好隔河相望，不能聚首。

　　澎湖的牛郎織女神話，與最初的說法比較，多了一個「傳錯話」的情節，〔註21〕為故事平添了一些曲折的趣味。而這種「傳錯話」情節的出現，可能與「鵲橋」的出現有關。

　　在傳說中，為牛郎織女搭橋的，有喜鵲、鶴鶉與百鳥數種，甚至也有說烏鴉的。但最初的說法是以喜鵲為主，鶴鶉、百鳥、烏鴉是後起的。〔註22〕

---

〔註20〕蕭統：《文選》，（台北華正出版社・民國八十年九月），卷二十九。頁四一一。
〔註21〕早期的神話中，牛郎織女的七夕相會，只是出於「天帝怒，責令歸河東，許一年一度相會。」（《月令廣義・七月令》引《小說》）
〔註22〕喜鵲之所以加入牛郎織女故事，有以下幾點因素：一是和鳥崇拜的原始宗教有關。二是由於喜鵲善於築巢的本能，啟發人對它能搭橋的連想。三是喜鵲篤於愛情，雌雄相隨，與牛郎織女的愛情故事相映襯。見洪淑苓：《牛郎織女研究》，（台北學生出版社，民國七十七年十月），頁一九〇。

自宋代以後，由於南人與北人對烏鵲、烏鴉的看法不同，遂產生「傳錯話」的情節。原來南人喜愛烏鵲討厭烏鴉；北人則反之。〔註 23〕由於南人北人對烏鵲、烏鴉的看法不同，於是故事流傳當中，喜愛烏鵲的人便說烏鵲是「自願」在七夕為牛郎織女搭橋；討厭烏鵲的人，就說烏鵲因傳錯訊息，所以「被罰」搭橋。到後來喜愛烏鵲討厭烏鴉的人，又把故事扭轉過來，說是烏鴉傳錯話，被罰搭橋。故事由原來的烏鵲填河，變為烏鵲或烏鴉被罰搭橋，大概就是在這種人們對烏鵲、烏鴉愛惡不同的情況產生的。年代久遠之後，「傳錯話」卻逐漸成為一種普遍的情節要素。〔註 24〕這種「傳錯話」的情節，除了在「牛郎織女」及「人為什麼要吃三餐」的故事中出現外，也見於印度，〔註 25〕由此可見民間對情節單元之移用。此外，在澎湖這個神話的男女主角，也和「孟姜女」的故事結合，以孟姜女的故事型態出現。〔註 26〕

## 五、結語

有關天、地、人的一些神話，是各民族中很重要的神話內容之一，他們藉著這些神話來認識這個世界、解釋他們的由來、部族的由來，進而藉此肯定自己的民族，區別和其他民族的不同。這些神話，用我們現代人的眼光來看，雖然是幼稚的、可笑的，但這些卻是祖先智慧的結晶，是當時人們立身處事的準則，民族文化的寶庫。對於這些神話我們應該以嚴肅的態度來看待它、研究它，並使它能代代流傳下去。至於牛郎織女是我國民間源遠流長的一則民間故事，牛郎織女的堅真愛情，也廣為後人所歌頌，甚至後世還因此衍生出「七夕乞巧」的習俗，台閩地區則更有「拜七娘媽」的獨特風俗，現代人則將「七夕」做為中國的情人節。凡此種種，都證明了牛郎織女的故事不僅源遠流長影響深遠，而且深入民間各地，成為我中華民族文化的結晶。

---

〔註 23〕例如宋・洪邁《容齋隨筆》卷三說：「北人以為鴉聲為喜，鵲聲為非；南人聞鵲噪則喜，聞鴉聲則唾而逐之。」明・李時珍《本草綱目》卷四十九亦云：「北人喜鴉惡鵲，南人喜鵲惡鴉。」同前註。

〔註 24〕本段參考洪淑苓：《牛郎織女研究》，（台北學生出版社・民國七十七年十月），頁一九〇。

〔註 25〕S. Thompson, The Types of the Folktale. (helsinki,1973). A1511.1, p234.

〔註 26〕請見本章第三節。

# 第二節　生活故事

## 一、白賊七的故事

　　「白賊七」是台灣民間故事裡的一個特定人物，「白賊」是台灣話，指的是「假話」、「說謊」，「七」是他的名或排行，所以「白賊七的故事」，指的便是以白賊七為中心，所發展出來一系列以行騙、惡作劇為主要內容的故事。他的形象通常是機智而喜歡惡作劇，類似的故事，其他地方亦有，但這些故事通常附會在不同的人物上。不像台灣全部將之集中於白賊七的身上。所以「白賊七」成為台灣民間故事中的一個特定人物。有關他的故事，在澎湖是這樣說的：

> 白賊七是白沙人，很會騙人。有一次，他到馬公市來，說：「白沙那邊有很多魚和蝦！」大家聽了都跑去捉，結果什麼也沒有。〔註27〕

> 我聽老人說，白賊七去市場，賣豬肉的問他：「白賊七，你今天要不要買豬肉？」「好！給我留十斤。」賣菜的也問他：「白賊七，今天要不要買菜？」「好！給我留一些，過一會來拿。」結果白賊七並沒去拿，他們就去找白賊七問：「你怎麼不來拿？」白賊七說：「你們不是叫我『白賊七』嗎？我為什麼真的要來拿！」〔註28〕

第一則故事講的雖然簡短，但它是屬於一九二○B「我沒空說謊」的故事類型，只是內容有所簡略。通常這型故事應該是：

> 有一個很會說謊的人經過某地，有一個人拉住他要他說一個謊，看能不能騙了他。他回答說：現在很忙，沒時間說謊騙他，因為漁汛來了，他要趕快去捕魚。那人聽了連忙回去取漁具也去河邊，但河邊空無一人，原來「漁汛來了」就是一句謊話，他被騙了。〔註29〕

至於第二則故事，與一般所見略有不同。一般的白賊七故事，都是白賊七主動去說謊騙人，把人唬得團團轉，所以他才會有「白賊七」的外號，但是這則故事正好相反，大家先叫他「白賊」七後，他為了順應「白賊」這個稱呼，才開口行騙。

---

〔註27〕金榮華：《澎湖縣民間故事》，（台北中國口傳文學學會・民國八十九年十月），頁二一七。
〔註28〕同前註。頁二一八。
〔註29〕同前註。

在台灣地區,「白賊七的故事」可說是一個家喻戶曉的故事,「白賊七」一詞,甚至還成為說謊者的代名詞,由此可見此故事影響之深遠。但它究竟源於何處?是不是台灣本土產生的故事呢?毛一波先生認為這應該是由「『徐文長故事』輾轉演化而來。」〔註30〕施翠峰先生則更進一步的說:

> 首先,七仔騙嬸母與叔父的一段,與此類同的,是華中一帶的同型異式故事「徐文長」(見新陸書局出版的《徐文長笑話》),其騙局的安排與前者大同小異,只是被戲弄的是他的岳母與自己的太太。……白賊七仔的第三段故事在大陸上也有類似的故事「火龍丹」(見於近人嚴殊炎編《民間笑話》),男主角是張三,他騙岳父說身上穿的是「火龍丹」,非常暖和,於是丈人用一件皮襖和他交換,害了丈人凍出重病,甚至於死了。白賊七仔的第四段故事……似乎是杭州民譚「阿二」(見於近人陶瑪琳編《中國民間故事》)的各種為非作歹的行徑中的一段之翻版。……總之,「白賊七仔」是先人們將許多大陸的騙子故事集粹而成的比較長篇的民間故事。〔註31〕

此外,婁子匡先生也於〈臺灣民俗文藝試論〉一文中表示了同樣的看法。〔註32〕所以白賊七故事是由大陸流傳來臺的,應無疑問,它與華中、華南,甚至其他地區的惡作劇故事有所關聯,而其中關係最密切者,則可能是福建同類型的故事(詳下文)。只是這些地方的故事,是分別附會在不同的人物身上,和台灣集中在白賊七一人身上不同。

一般來說,白賊七的故事主要由「故事引言」、「系列故事」、「故事結局」三部分組成:其中「故事引言」旨在說明主角白賊七生平及外號的由來。「系列故事」則是由數則相關的小故事組成,敘述白賊七一連串欺騙、捉弄他人的事情,每一則小故事是一個情節單元,包含了一個騙局或惡作劇,然後再由幾個小故事,組合成一個完整的故事。

「系列故事」是白賊七故事的主要枝幹,內容可長可短,其形式又可分為「並列式」和「連鎖式」二種。並列式是指其中的小故事完全可以獨立,小故事與小故事間,除了旨趣一致外,並無前後的因果關係。猶如一串香腸,

---

〔註30〕毛一波:〈臺灣故事傳說與大陸〉,(《台灣風物》,民國四十九年一月,第十卷第一期),頁五。

〔註31〕施翠峰:《臺灣民譚探源》,(台北漢光文化,民國七十七年二月),頁一五五。

〔註32〕婁子匡:〈臺灣民俗文藝試論〉,(《台北文獻》,民國五十一年十二月,第十二卷第四期),頁八十七。

增一條、減一條或拆成很多條，都不影響它的結構。連鎖式則不然，幾則小故事環環相扣，由前面的故事，引起後面一連串的故事。〔註33〕

　　至於「故事結局」則在講述白賊七的下場並為故事作為一結束。白賊七故事通常在「故事引言」部分差別較小，「系列故事」與「故事結局」二者則有較大的差異。〔註34〕據彭衍綸的研究，台灣地區所見的白賊七故事騙局（系列故事），有下列十七種：

　　（一）做壽：欺騙市場商人說某人將作壽，讓商人們誤以為那人會購買壽宴需要的大量菜、肉，進而對他大獻殷勤，結果卻讓商人們白忙一場。

　　（二）撿魚：欺騙某人說河裏出現許多魚（或有人在河裏毒死許多魚），使那人叫配偶和主人公（或那人自己）趕去河邊撿魚。

　　（三）溺水：欺騙某人的配偶（大多為妻方）說那人在外溺水，使得那人的配偶大為傷心，然後拿著那人家中的物件（大多為門板），佯稱要前去營救或收屍。

　　（四）失火：欺騙某人說他家失火，並且拿著那人家中的物件做為失火證據，致使那人著急地趕回家。

　　（五）戴孝：欺騙一群孩童說自己的親人過世，並以金錢為餌，讓他們願意穿戴孝服，如喪考妣般地回家。

　　（六）寶衣：欺騙某人說自己身上穿的是不怕寒冷的衣服，誘使那人購買。後來那人則因穿了此衣而受寒。

　　（七）押解：主人公因欺騙而被綁夾在木板中遊街（或被綑綁將要丟入河中餵魚），為了脫逃，他在途中乃騙押解的人說他在某處藏有錢財（或向押解的人表示自己最怕被老虎吃掉），誘使押解的人暫時放下被夾在木板中的他而前去取財（或故意把他改丟到山中餵虎），最後他因此而暫得解脫。

　　（八）醫駝背：欺騙駝背者說跳入自己的袋子裏就可以醫好駝背（或自己正用綑綁方式醫駝背），那個駝背者為了治癒駝背而跳入他的袋子裏（或為他鬆綁並請他把自己綁起來）。最後駝背者被他綑在袋內（或綁住），財物也被他取走。

---

〔註33〕陳勁榛：〈台灣白賊七故事情節單元聯繫模式試探〉，（《華岡文科學報》，民國八十六年，二十一期），頁一七七。

〔註34〕彭衍綸：《台灣民間故事〈白賊七的趣話〉及其相關問題研究》，（政治大學中文所碩士論文。民國八十六年六月），頁四十一。

（九）逢貴人：欺騙某人說自己成為海龍王或宰相的女婿（或欺騙原來要殺他的人說自己因陽壽未盡而被閻王放回），並以騙得的財物為證，使那人信以為真。

（十）入水：欺騙某人說要帶他去找自己的富貴丈人（或請他去為自己作媒；或說要去龍宮理論事情。）並蓄意讓那人在海上落水淹死。（或者：欺騙某人說閻王要送一件寶物給他，但必須親自到河裏去拿。結果那人為取寶而跳入河中，但卻被淹死。）

（十一）剝皮：欺騙前來捉他的龍宮水卒，說某神令自己剝水卒皮，使得水卒因害怕而逃逸。

（十二）騙牛：欺騙牧童說有人在販賣可以把活人打死，又將死人救活的陰陽棍，並說自己可以幫忙放牛而叫牧童去看。結果牧童信以為真地前往，但牛也因此被佔走。

（十三）萬里獸：欺騙某人說自己的坐騎為日行萬里的「萬里獸」，使得那人相信而以自己的坐騎千里馬交換（或出錢購買）。

（十四）借物過年：欺騙某人說要借一點點東西過年，讓那人爽快答應。之後才表示那一點點東西是錢，那人由於已經答應在先，因此不得不借。

（十五）寶鍋：欺騙某人說自己有一口寶鍋（可變出食物或快煮），誘使那人出錢購買。後來那人則因此鍋而出糗。

（十六）寶棍：欺騙某人說自己有一隻能把活人打死，又可以把死人打活的棍子（此棍或叫「陰陽棍」，或稱「生死棍」），誘使那人出錢購買。後來那人則因用了此棍而將人（此人身分大多為佃農）誤打致死。

（十七）取馬：主人公欺騙紙紮店說要訂一紙紮馬，再轉向馬舖說要租一匹真馬。馬舖表示需找人對保，於是他便帶著馬舖的伙計（或店主本人）到紙紮店，向紙紮店表示那個伙計將於某時前來取「馬」，紙紮店表示沒有問題，如此便完成對保。後來馬舖伙計依時前往取馬，紙紮店卻要給他紙紮馬，由此而引起爭端。另一方面，主人公則已騎著真馬逃跑了。〔註35〕

以上十七種是白賊七故事中常見的騙局。對照澎湖所採集到的故事，分別分屬於上述的「做壽」、「撿魚」類型，並不構成一個系列故事，只是系列當中的一個小故事，而且是屬於並列式的小故事，所以可以被單獨講述。

白賊七的故事情節，據彭衍綸的分析，可分為三個類別：第一類含有超

―――――――――

〔註35〕同前註。頁四十二～四十四。

現實幻想成份，故事中出現的人事物，不可能於真實生活中出現者，如：龍王，閻王、萬里獸之類。第二類為不含超現實幻想成分。第三類則為已脫離以欺騙、捉弄他人為主調而轉變成「狗耕田型」的〈白賊七仔駛狗犁〉的類型。〔註36〕關於第三個類別，澎湖採集到一則名為「七仔與八仔」的故事，可以作為參考：

> 七仔和八仔二人是兄弟，七仔為人比較愛說謊，八仔比較老實。有一天，二人一邊走一邊聊，說家裡沒什麼財產。八仔說七仔要捉一隻草蜢來當財產，七仔說：「草蜢哪能當財產？」八仔不理七仔，就去捉了隻草蜢，然後去給人家幫傭。到了人家家裡，草蜢被那家的雞吃了。八仔對那家的主人說：「這隻草蜢是我的財產，你的雞啄了我的草蜢，你要賠給我。」那家的主人就把雞給了他，這樣八仔得到了一隻雞做財產。後來八仔又到別人家幫傭，他把雞綁在桌腳，結果被這家的狗咬死了。他又跟這家人說：「我幫你做事，我的雞卻被你的狗咬死了，所以你的狗要讓給我做財產。」這家的主人就把狗給了他。八仔回到家裡，用這隻狗犁田，狗很聽他的話，把田犁得很直。他把狗犁田的事跟七仔說，七仔說：「狗怎會犁田？」八仔說：「會啊！還犁得很直。」七仔說：「那你把狗借給我犁田，看是真的還是假的！」結果狗歪來歪去，就是不幫七仔犁田，七仔就把狗打死了。八仔說：「這是我要做財產的，你怎麼把牠打死了？」但也沒有辦法，就在田裡挖個坑，把狗埋了。後來七仔騙大家說他放屁很香，別人放屁很臭，其實這不是真的，是八仔放屁很香，七仔放屁很臭。八仔放屁很香大家都愛聞，就多多少少得到一些錢。七仔也想去賺點錢，結果一放屁是臭的，就被大家罵，叫他白賊七仔。

〔註37〕

這則故事雖名為「七仔與八仔」，在故事的終了也說明「白賊七」名稱的由來，但實際上這是一則屬於五○三 E「狗耕田」及五○三 M「賣香屁」相接的故事，但是在狗被打死埋葬以後，少了以下的情節：不久狗墳上長出一棵樹或竹子，弟弟（八仔）搖動時會掉下金錢，哥哥（七仔）去搖時卻落下一些毒蟲或髒東西，哥哥就把植物砍掉。弟弟把樹枝或竹片編製一個簍子去抓魚蝦，

---

〔註36〕同前註。頁四十八。
〔註37〕同註二十七。頁一八六。

天天都滿載而歸，哥哥借去用，卻撈出毒蛇，把他咬傷。最後是哥哥把弟弟的東西燒掉，弟弟在灰燼中找到一顆豆子，吃了以後放的屁就有一種香氣，哥哥學樣，也去吃豆子，但放的屁其臭無比。〔註38〕

## 二、邱罔舍的故事

在台灣，邱罔舍也是一個家喻戶曉、婦孺皆知的故事，就某些方面來說，邱罔舍和白賊七都是屬於「騙死人不償命」的人物，只是在形象上的塑造上，邱罔舍是比較偏向敗家子的類型，與白賊七偏向機智人物不同。但是在情節上，二者有不少重疊的部分，以下將一一說明。首先，邱罔舍為什麼叫邱罔舍？「邱」是姓，是無庸置疑的，但「罔」跟「舍」呢？劉建仁先生說：

> 第二個字，臺灣民間把它讀成陰去（上去）聲，意義為迷糊、漫不經心。而「罔」為上聲，在閩南語為姑且、馬虎的意思，通常用於「罔腰」、「罔市」等女人的名字。第三個字「舍」，在閩南語是「少爺」的意思，是對於高貴人家的少爺的尊稱。如「阿舍」、「二舍」為少爺、二少爺的意思。「邱罔舍」的意義就是說，有一個姓邱的達官顯宦的少爺，他的名字已無可考，但因做事迷糊，專門作弄人家，把父親留下來的萬貫家財揮霍殆盡後自殺身死，因此民間把他叫做「邱罔舍」。〔註39〕

澎湖所見的二則邱罔舍故事是這樣的：

> 邱罔舍的前世是一尾大鱸鰻精。這尾鱸鰻精有時會出來四處行動，把田裡一些農作物都抹倒。有一個姓邱的員外，田很多，但都被鱸鰻精破壞了。有一天，員外說：「好啊！你這尾大鱸鰻會這樣搞怪，我要殺死你！」鱸鰻精知道了，就變成一個人到員外家去。員外請他喝酒，並和他談要殺鱸鰻的事。他勸員外不要殺鱸鰻，因為牠不能一直縮在洞內，總得出來運動，不是故意要抹倒農作物的，員外說：「不行，牠破壞了我的許多田，我一定要牠死！」客人見勸說無效，就大口地把一枝湯匙吞到肚子裡去。
>
> 員外是用草燒成的灰燼來殺鱸鰻的。他在田中撒滿了灰燼，鱸鰻出

---

〔註38〕同前註。金師之案語。
〔註39〕劉建仁：〈邱罔舍的音義〉，（《台灣風物》，民國六十一年六月，第二十二卷第二期），頁七。

來的時候，身體碰到火灰，身上的粘膜被破壞，受了傷，就被員外抓住殺掉了。這時候發現鱸鰻肚內有一枝湯匙，拿出來一看，正是被先前那個客人吞下去的，員外才知道那個客人是鱸鰻精變了來求情的，但一切都已經來不及了。不久，員外生了一個兒子，就是邱罔舍。他是那尾鱸鰻精投胎轉世，來敗壞員外家業的。大家叫他邱罔舍，因為他亂花錢，常做一些罔然（莫名其妙）的事。

正月年節家家戶戶都穿新衣褲，尤其富人穿得更是漂亮。唯獨生在有錢人家的邱罔舍，卻故意穿著麻布袋。以前的人如果穿麻布袋，一定是剛死了父母。邱罔舍的父親是個有錢的員外，又還健在，他為什麼要在年節的時候沖犯忌諱，穿麻布袋好像披麻戴孝一樣呢？就是因為他出世本為報仇，所以故意要犯父親的忌，讓父親生氣。有一次，也是年節期間，邱罔舍向人說要放一個很大的爆竹。他叫人去宣傳：「這個大爆竹會震動整個社區，你們來看的時候，耳朵要用布掩住，不然你們的耳朵會開花。」而事實上他祇是在一個小爆竹的外面纏繞一些東西，讓它變成一個看起來很大的爆竹，大到要請十幾個人來扛。大家聽說邱罔舍要放大爆竹，都跑來看，看到爆竹那麼大，都說：「喔！這麼大的爆竹，要十幾個人扛呢！如果爆發，那還得了！」「有錢人放那麼大的炮，不知道響聲會有多大！」到了要放炮的時候，大家都用布掩好耳朵，結果那爆竹卻祇發出「咻」的一個小聲響。大家都很失望。有人問他：「怎麼了？」他說：「炮心（引線）不夠長。」村裡的人都被邱罔舍作弄了。

有幾個乞丐對他們說：「你們都被邱罔舍騙了。但他是騙不了我們的，因為我們乞丐祇是討一些東西吃。」邱罔舍聽了，心想：「好！你們這些乞丐竟說祇有你們不會被騙，那就等著看吧！」他去買了一些新棉襖，又想辦法抓了一些蝨子放進棉襖夾層中，那時候正是冷得要命的冬天，他就去對乞丐說：「現在正月，天氣這麼冷，我看你們可憐，買了一些新棉襖送給你們，但是你們要把現在穿的舊衣服都丟掉。」乞丐聽了都很高興，就丟了舊衣，穿上新襖。但是棉襖裡有蝨子，乞丐穿上以後，蝨子就出來死命的咬人的身體，才穿上新衣服沒多久的乞丐又紛紛把新衣服脫了下來，在冷得要命的天氣裡光著身子捉蝨子。邱罔舍則在一旁說：「你們是不是嫌衣服

難看？天氣這麼冷，怎麼把衣服脫了？」邱罔舍常常做這些囷然的事情，員外的所有財產後來都被邱罔舍胡弄光了。〔註40〕

有人說邱罔舍是台南人。他老爸留下了很多家產，因此他從小到大，都是有得吃、有得玩就滿足；天天歡喜過日，不務正業，做了很多敗家的事。比如他燒開水是用石臼代替水壺盛水，用燈心代替木柴作燃料。看起來小小的燈心，在那個時代可是很貴的。用燈心來燒開石臼裡的水，得花掉多少錢呀！邱罔舍死後，轉世成一尾鱸鰻。那尾鱸鰻很大，要以百斤計。若是捉來宰殺，用現在的錢來計算，祇這麼一尾就可賣好幾萬元。這鱸鰻很會損害人的稻子園。園子裡若有水，牠就在晚間出來爬行，稻子都被牠弄得東倒西歪。種田的人說：「嗯！這是鱸鰻爬行的痕跡，沒錯，是晚上出來爬行的。」看看鱸鰻爬過的痕跡，就可知道牠一定有幾百斤重。這樣大的鱸鰻會咬人的，若沒有很好的工具，就無法對付，所以大家都驚怕，不敢抓牠。可是鱸鰻怕火灰，像是用高樑梗、土豆梗、地瓜梗這類東西燒成的灰。後來種田的人想到用火灰來殺牠。於是大家，你出三斤我拿五斤地，把火灰聚集起來，在稻子園裡到處鋪上。鱸鰻若從那兒爬過，火灰便會吸掉牠身上的粘膜。粘膜若破壞了，牠自然就會死了。結果真的，這尾鱸鰻就這麼被那個村子裡的種田人給收拾了。〔註41〕

這二則故事在邱罔舍的生死上，各有不同說法：一則說邱罔舍是鱸鰻來轉世報仇，一則說是邱罔舍死後轉世為鱸鰻，二者正好相反。不過台灣地區所見的邱罔舍故事，幾乎說他是鱸鰻來轉世，未有說他死後化為鱸鰻者，而他轉世的原因，幾乎都是為了報仇而來（也就是第一則的說法），故才會做出這許多荒唐、敗壞家業的事。邱罔舍的故事同白賊七故事一樣，也是系列故事，由首尾及數個作弄人的事件，組合成一個完整的故事，這些作弄人的情節，通常有以下幾種：

（一）戲弄蛋販：蛋販誇稱自己賣的蛋都是雙黃蛋，邱罔舍假意說要買蛋，將蛋販帶到家中。邱罔舍叫蛋販將雙手圈在桌上，然後將挑好的蛋放在圈子中，挑好後假意要去拿錢，卻暗中放一條狗出來，蛋販怕被狗咬，轉身

〔註40〕同註二十七。頁二一一。
〔註41〕同註二十七。頁二一五。

要走，手一放開，蛋全打破。

（二）戲弄女蛋販：邱罔舍和朋友打賭，說他可以向女蛋販買蛋，而且又讓女蛋販幫他提褲頭。邱罔舍叫女蛋販將蛋放在他褲頭兜起之處，褲頭吃重一直往下滑，女蛋販怕褲頭支撐不住蛋會掉下來打破，只好幫邱罔舍提褲頭。

（三）戲弄柴販：邱罔舍和柴販有私怨，想報復，便假意說他要買柴，帶柴販到一座花園的後門，謊稱是他家，然後說後門打不開，他要去前面開門，叫柴販先將柴從牆外丟進來，柴販依其言而行，結果將花園中的盆栽打破，被聞聲出來的主人痛打一頓。

（四）戲弄瞎子：邱罔舍叫人去找一群算命的瞎子來家中幫他算命，瞎子來時，邱罔舍將他們集合在一間小房間，然後趁他們在爭辯對自己命運的看法時，悄悄拿起一根木棍，往其中一個瞎子的頭上打去，並誣賴是另一個瞎子打的，在邱罔舍的挑撥離間下，所有的瞎子都打起來了。

（五）放大砲：邱罔舍做了一尊大砲，叫僕人四處宣傳說要在某日某時某地放大砲。至放砲那天有成千成萬的人來到現場，但時間已過仍不見大砲蹤影，後邱罔舍差人跑來說，因為砲太大不易搬運，得等到明天才可搬來。次日，人群越聚越多，直到黃昏才見十幾個人將大砲搬來，可是邱罔舍又說時間太晚，要明天中午才放大砲。第三日，好事的人更多了，邱罔舍才親自去點火放砲，結果砲只發出很小的聲響，眾人才知道上了邱罔舍的當。

（六）戲弄糊紙匠：邱罔舍於除夕前向糊紙匠訂做一尊大士，約定除夕那天要拿。糊紙匠拼命趕工，到了除夕那天，邱罔舍遲遲不來拿，糊紙匠等了很久，怕留著大士過年不吉利，於是將它燒掉。邱罔舍一看糊紙匠將大士燒掉，馬上帶人到店裡要取大士，結果糊紙匠被邱罔舍責罵，只好送還訂金了事。

（七）買人中白：邱罔舍叫流浪漢將人中白（精液）射在杯中，比賽看誰射的多，然後依多寡給他們錢，流浪漢爭相比賽看誰的人中白多，結果沒幾天，他們原來強健的身體都因此變得腎虛氣弱。

（八）助人納妾：邱罔舍的叔父年老無子，嬸嬸又不肯讓他納妾，叔父心裡著急，就叫邱罔舍幫他想辦法。於是邱罔舍每天拿著尺屋前屋後的量著，嬸嬸覺得奇怪問他在做什麼，他說叔父無子，所以這間房子早晚都是他的，他要量地，沒有人可以干涉，嬸嬸一聽，便答應讓叔父納妾。

　　（九）新年穿麻衣：邱罔舍於新年期間，哄騙鄰近的小孩穿上麻衣，並將銀元結在屁股的麻繩上，然後狠狠的每個人打了兩巴掌，小孩們哭著回去，家人一看到孩子於過年期間穿著麻衣氣得火冒三丈，但是再看到繫在麻繩上的銀元時，只好作罷。〔註42〕

　　以上九種是台灣邱罔舍故事中，較常看到的情節。邱罔舍故事在台灣流傳甚廣，故事中多說他是台南人，因此很容易令人以為，邱罔舍是台灣的本土故事，其實不然。前文提到，就某些方面來說，邱罔舍和白賊七其實是形象很類似的人物，所以在某些系列故事上，二者的情節是可以通用的。之所以如此，主要是因為這二個故事有個共同的源頭。林培雅在《台灣地區邱罔舍故事研究》一文中，列出福建民間故事中與邱罔舍形象相近、故事雷同的六位人物：謝能舍、蔡六舍、露鰻舍、邱蒙舍、胡百萬、鄭五哥，認為台灣的邱罔舍故事應該是由這些故事演變來的。〔註43〕而彭衍綸在《台灣民間故事〈白賊七的趣話〉及相關問題研究》一文中，同樣列出了數位可能是白賊七故事源頭的人物，其中在真實人物方面有：徐文長、許懈、鄭堂三人，〔註44〕虛構人物則有：謝能舍、蔡六舍、露鰻舍、邱蒙舍、胡百萬、鄭五哥六人。〔註45〕比較二人所列，可以發覺：謝能舍、蔡六舍、露鰻舍、邱蒙舍、胡百萬、鄭五哥六人，是雙方共有的。換言之，白賊七及邱罔舍二個故事，其大部分的故事情節皆可在福建民間故事找到類似的情節及人物，福建是這二個故事的共同源頭，〔註46〕因此，二人在故事情節及人物形象上，會有所重疊。此外，林培雅尚從語音的角度說：「『邱蒙舍』就是『邱罔舍』」：

　　　　民間故事的流傳，主要是用口耳相傳的方式，因此當講述到人物的

〔註42〕林培雅：《邱罔舍故事研究》，（台北清大中文所碩士論文，民國八十四年七月），頁二十九～四十二。

〔註43〕同前註。

〔註44〕徐文長即明代名聞一時的文學家徐渭，他是浙江山陰人，許懈是明代福建泉州同安人、鄭堂是明代福建福州侯官人。

〔註45〕同註三十四。

〔註46〕謝能舍的故事流傳於福建漳州；蔡六舍的故事流傳於福建泉州；露鰻舍的故事流傳於同安、廈門一帶（屬泉州）；胡百萬的故事流傳於福建汀州；鄭五哥的故事流傳於福建莆田（屬興化）有可能是鄭堂的化身；丘蒙舍的故事流傳在漳州。換言之，與「邱罔舍」、「白賊七」有相同情節的民間故事，主要流傳於福建的泉州、漳州、興化、汀州四府，而這四府都是台灣移民的主要來源地，因此，「邱罔舍」、「白賊七的故事極有可能是由福建傳進台灣的。同註十六。

姓名時，講述者往往只記其音，不記其字。再加上以前教育未普及，民間百姓普遍都是文盲，無法去認識故事中人物姓名的正確寫法，僅記得其音而已。當故事紀錄者碰到這種情況時，通常都會找一些音同或音近的字來紀錄……「罔」和「蒙」應該都是記錄「bong3」這個音的字，因此「邱蒙舍」就是「邱罔舍」。……「丘蒙舍」傳入臺灣成為「邱罔舍」的原型之後，隨著福建移民的移入，福建民間故事中，類型與「邱罔舍」相似的故事也被帶到台灣，而被「邱罔舍」加以吸收、消化、變成它的故事，所以「邱罔舍」可說是從福建民間故事移植來臺灣的。更明確地說：邱罔舍故事的來源最先是來自漳州丘蒙舍的故事，後來還加入漳州的「謝能舍」，以及泉州的「蔡六舍」、「鱸鰻舍」等等故事。〔註47〕

由此可知，邱罔舍故事實際上是一則台灣化的福建故事。

## 三、夫妻間的故事

有一個女人八字不好，人家說她是「剪刀柄、鐵掃帚」。有一個有狀元才的人娶了這個八字不好的人，所以他每次參加考試都考不中。這個八字不好的女人就告訴丈夫：「你一直沒有出息，我要和你離緣，去跟一個比較有出息的人。」丈夫一直求她不要離開，好不容易她留下來了，沒想到三年後丈夫還是沒考中，這一次她太太就真的離開了。沒想到這個太太離開後，再過三年丈夫卻考中了狀元。太太離開後再嫁一個不錯的丈夫，沒想到這個丈夫自從娶了她以後，家裏開始不好，後來竟然作了乞丐。先前的丈夫中了狀元要騎馬遊街三天，這個太太就利用他遊街的機會到街上攔他，希望他可以重新再娶她。先前的丈夫把一桶水潑在馬頭說：「如果你能把這些水再接滿一水桶，我就收留你！」太太自己知道不可能，就撞馬頭死了。〔註48〕

古時候有個人娶老婆後，準備要考試，考了好幾次都沒及格也沒成功，就非常地難過，他老婆就怨恨嫁他沒用，跟別人比不上，又吃

---

〔註47〕同註四十二。頁四十五。
〔註48〕翁有土先生於民國八十七年九月十一日馬公市鎖港里講述。劉秀美採錄。未刊稿。

得不好，常常與丈夫吵架說要離婚，丈夫就逼不得已寫了離婚書給
她，她就又去嫁人。離婚後孤獨一人就開始努力認真讀書，赴京趕
考，結果考中了狀元就遊街三天，這件事傳到了離婚老婆的耳中時，
那老婆就想說應該把我收回去，當狀元遊街到一個地方時，正好遇
到他離婚的老婆，他老婆就跪在馬頭上懇求把她收回去，而那狀元
就叫士兵去準備一盆水，告訴他離婚的老婆說：「假如你可以把水潑
落地又能收回的話，我就把你收回去。」當然水是收不回的，那老
婆就當場撞頭而死，狀元就叫士兵去把她埋葬起來。這件事發生後，
狀元就在廟前題詩勸告世人不要像某某女人一樣，老公沒賺錢就吵
要離婚，等到她老公考狀元、做官時，才又叫他收回她，提這首詩
是說既然已嫁人一定要全心全意，不要半途而廢。〔註49〕

這二則講的都是「覆水難收」的故事，但表達出來的意思卻大不相同，第一
則故事一開始便直指這女人八字不好，是「剪刀柄、鐵掃帚」，丈夫考不上狀
元全是因為她的緣故，而她改嫁後的丈夫，也因她之故淪為乞丐，將所有的
過失全推到妻子的身上，反應出民間迷信的思想。而第二則故事在於勸誡女
子應該從一而終，不應嫌貧愛富，捨棄貧窮不發達的丈夫改嫁他人，具有正
面教育的意義。關於「覆水難收」的典故，一般多附會在姜子牙的身上，如
以下的二則記載：

太公既封齊侯，道過前妻，再拜求合，公取盆水覆地，令收之，惟
得少泥，公曰：誰言離更合，覆水定難收。〔註50〕

姜太公妻馬氏，不堪其貧而去，及太公既貴再來，太公取一壺水傾
於地，令妻收之。乃語之曰：若言離更合，覆水定難收。〔註51〕

引文中的太公，指的是周朝初年的賢臣姜太公，姜太公姓姜名尚，字子牙。
他晚年得志，受到周文王的重用，後來擔任周武王的老師，輔佐武王消滅商
紂，受封於齊國。姜太公是一個大器晚成的人物，傳說其妻不堪貧窮而去，
後代遂將「覆水難收」的故事附會在他的人身上。

俗話說：「娶妻娶賢」，若能娶得賢妻，則丈夫如虎添翼，若娶得拙妻，

〔註49〕蔡修德先生於八十八年十二月十一日馬公市鐵線里講述，蔡靜蓉、蘇鳳台、
　　　　倪惠貞採錄。未刊稿。
〔註50〕《鶡冠子》，（商務印書館，民國五十六年六月），頁二十五。
〔註51〕王楙：《野客叢書》，（台北學生書局，民國六十年六月），頁七六六。

則如以下這則故事，傳為千古笑話：

　　有一位尚書的太太很會寫詩，朝廷官員都知道她出口就是詩。有一天，侍郎到尚書家裡去看尚書，那時有一隻狗在外面汪汪叫，尚書的太太就說：「家有客至，何必嗷嗷。」就是說家裡有客人，叫那隻狗不要吵。奉茶後，侍郎很讚賞所用的茶杯，問要多少錢？尚書太太不知價錢，但她出口又是一句詩：「自家所用，不賣他人。」說是自己要用的，不賣的，巧妙地避開了問題。侍郎看見尚書太太這麼能幹，心想：「難怪尚書做官做得那麼大！我娶的這個老婆說話支支吾吾，也沒歡喜的笑臉，實在是……，唉！」回家後對他太太說：「尚書娶的那太太好能幹。我娶妳啊，唉！真的是不幸！」「怎麼不幸？」「人家一出口就是詩。」侍郎說：「一隻狗在外面叫，她說『家有客至，何必嗷嗷！』；問她杯子多少錢，她跟我說：『自家所用，不賣他人。』」「兩句話還不會？哪個都會說！」侍郎的太太說。侍郎夫婦有一個女兒，生得很漂亮，宰相的兒子喜歡她，請一個朝裡的官員去提親。侍郎叫他太太奉茶，奉茶的時候，媒人正在誇讚他們的女兒，侍郎的太太說：「家有客至，何必嗷嗷！」媒人很不高興，心想：「妳是把我當作狗在吠？」那趕快說明來意，正式提親：「想要你家女兒給宰相做媳婦啦！」「自家所用，不賣他人。」侍郎的太太說。媒人一聽大驚，連說：「哦！失禮！失禮！」就回去了。回去跟宰相一說，很快地朝廷裡文武百官都知道了這件事情。結果侍郎在朝廷裡被人取笑，又得罪了宰相，祇好辭官還鄉。所以，娶妻如果娶到好的啊，的確是比較有幫助；娶到差的話，則就難說了。〔註52〕

這一則故事，是屬於一三八二 B「傻媳婦濫用客氣話」的類型，在浙江、陝西、上海、華東、華南一帶均有流傳，〔註53〕這型的故事通常被當作笑話講述。曾經聽過這樣的一則故事：某甲的新居落成，親友鄰居紛紛前往祝賀，甲妻頻頻向來者說：「這都是靠大家的幫忙！」某乙回家後向妻子轉述了此事，並對甲妻的說話得宜大加讚賞。不久乙妻生子設酒請客，宴席間諸親好友紛紛稱讚孩子可愛，乙妻則說：「這都是靠大家的幫忙！」這則故事有點

---

〔註52〕同註二十七。頁二三一。
〔註53〕金榮華：《中國民間故事集成類型索引（一）》，（台北中國口傳文學學會・民國八十九年元月），頁一一三。

「葷笑話」的味道，雖然有趣，但大概不容易在澎湖聽到。澎湖的民風保守，在澎湖的採錄經驗中，老一輩所講述的故事，大都帶有濃厚的道德觀或警世的意味，這樣的故事，只能在年輕一輩的口中流傳。《世說新語》中也有一則類似的記載：

> 元帝皇子生，普賜群臣，殷洪喬謝曰：「皇子誕育，普天同慶；臣無勳焉，而猥頒厚賚。」中宗笑曰：「此事豈可使卿有勳邪？」〔註54〕

可見這種故事由來已久。底下這則，講的是一個巧寫家書的故事：

> 澎湖有一位女子，她的丈夫外出做生意，很久沒回來，她就寫了一封信去，信中祇有二個字：「士」、「象」。她的丈夫接到信就回來了。為什麼呢？因為象棋盤上宮中的三顆棋子是「將」、「士」、「象」，而「將」字在閩南話中視同「君」字，下棋時也唸成「君」，所以祇寫「士」、「象」，就是說家中無君，表示思念夫君的意思。〔註55〕

澎湖有一則歇後語說：「士象全——等君」，〔註56〕意思同這則故事差不多，可見這樣的故事在澎湖很普遍，這是屬於八七五D‧二「巧媳婦妙悟或妙寄家書」的類型，西藏、香港、上海、北京、四川、蒙古，乃至土耳其都有類似的故事流傳。〔註57〕日前，在《聯合報‧鄉情版‧大兵憶往》專欄，看到這樣的一則報導：

> 有一天一位住雲林濱海的同袍，拿了一封妻子寄來的信件，要我幫他解讀，當我拆開信封抽出信紙打開時，掉下了兩張四色牌，而信紙卻是空無一字，撿起地上的四色牌，發現是紅色「仕、相」各一，當時我一頭霧水，他卻好像已了然在胸，我問他是代表什麼？只見他紅著臉說：「仕相欠帥（台語叫君），意思就是在等我啦！」
>
> 有一位結婚不久就入伍的同袍，他太太的信除了敘訴家中的生活情況外，這位大嫂可能歌仔戲看多了，末了寫了這麼一段：「吾夫是吾夫，田一塊、園一區，要推你就返來推（音讀ㄅㄨ），若沒我就要放給人插甘蔗、種（音讀ㄅㄟˋ）番薯」，當我唸完時發現他一臉焦慮，問他怎麼回事，他不好意思的說太太已難耐空閨寂寞，再不回去就

---

〔註54〕楊勇：《世說新語校箋》，（台北正文書局，民國七十七年一月），頁五九四。

〔註55〕同註二十七。頁二三○。

〔註56〕洪敏聰：《澎湖風情話——諺語集》，（澎湖縣立文化中心，民國八十五年六月），頁一○○。

〔註57〕同註五十三。頁六十七。

可能紅杏出牆了，他拿著信去向連長請假，連長特別准他三天回去
探親。〔註58〕

這樣的一則真人實事，可知這類型故事的確是其來有自。從前教育不普及，
人民大都不識字，若遇上要寫家書之事，往往得請人代筆，但或許識字之人
難求，也或許是夫妻間閨房之事不好啟齒，只好用象棋或四色牌來婉寄相思
之情。這些故事不僅反應了女子的聰慧，也表達出夫妻間的深情。請再看這
二則故事：

以前的人講古，曾說到一個傻瓜丈夫和聰明妻子的故事。這丈夫是
人家的三女婿；大女婿有錢，二女婿有錢，而這三女婿是個捉水雞
（青蛙）的人，比較窮，被人瞧不起。可是時運一到，天要助他，
他在抓水雞時摸到一塊黑石頭。他把石頭帶回家，他妻子看了，知
道那不是普通的石頭，卻不說明，祇是對丈夫說：「你盡量去拿，我
來當師傅，用這些石頭來圍個什麼吧！」以前的人常用石頭來圍個
什麼。其實那些石頭都是烏金，而傻丈夫不知道，就這麼一直將烏
金帶回家。到了他命中該得的烏金都拿足了以後，他忽然對妻子說：
「你要我拿那麼多石頭做什麼？我不去拿了！」有一天，妻子的父
母親做生日，大女婿二女婿辦了壽龜壽桃去祝賀。三女兒拿了個小
魚簍裝烏金，再用網子網了兩隻水雞蓋在上面，讓丈夫帶著，也來
祝壽。大女婿二女婿見他拿一些水雞來當賀禮，不屑地說：「你拿這
些水雞來做什麼？」結果水雞一拿開，不得了，是一簍的烏金。這
時妻子才對丈夫說：「你還不知道這些是烏金，但當時你一拿回家我
就知道了。」大家到他家一看，家的四邊已經請人築了圍牆，牆內
都是烏金。有人要丈夫帶他去撿到烏金的地方看看，可是那裡連一
塊石頭都沒有了。這是因為傻丈夫的福氣祇能得到那麼多而已。雖
然如此，每快烏金有好幾斤重，他的財富已經沒人能比了。〔註59〕

有一個釣田雞的人，名叫李土。有一天，他去山溝釣田雞，在回家
的路上看到一隻兔子，他追兔子追到一個洞裡，兔子不見了，祇見
滿窟的銀子。他想把銀子帶走，土地公告訴他，這些不是他該得的，

〔註58〕蘇金明：〈仕相欠帥・妻子思郎君〉，（《聯合報・鄉情版・大兵憶往》），（民國
　　　　八十九年，九月十二日）。
〔註59〕同註二十七。頁二〇八。

是李門環的，去叫李門環來領。但是在李土認識的姓李的人中，並沒有叫門環的。過了幾年，李土結婚了，他的妻子生了一個兒子，滿月時，他們依照習俗帶小孩回去太太的娘家。回到娘家後，孩子哭個不停，誰抱都沒有用。後來李土的岳父去玩門上的門環，沒想到小孩不但不哭了，而且還發出很的的笑聲。但是祇要一離開門環，他就又開始哭。於是李土的岳父問，小兒取了名字沒？李土說還沒有，請岳父替小孩取一個吧！岳父說，這個小孩既然誰抱都哭不停，祇有玩門環時才不哭，就叫「門環」好了。李土夫婦一聽，回家後趕緊帶著小孩去銀窟，對土地公說：「李門環來領錢了！」土地公就讓他們把銀子拿回家去。李土雖然得了銀子變得很有錢，但還是過著樸素的日子。有一年，他的岳父生日，他裝了兩竹簍的銀子去祝壽。每一簍裝八分滿的銀，上面放一些田雞。李土的太太排行第三，上面有兩個姐姐。大女婿和二女婿看他帶了兩簍田雞，就叫他放在外面，不要拿進屋裡。他們看不起李土，喝酒時給他一碗加了水的酒，沒想到李土說：「流水通通，水色不相同。」他們給李土的筷子是一枝新一枝舊的，李土拿起來說：「新年打舊年，同桌過一年。」大女婿和二女婿想，李土怎麼變得那麼聰明了。接著大家在飯桌上炫耀自己的成就。李土問家有田地的二女婿田地一甲多少錢？女婿瞧不起李土，說了一個價錢，並且說，如果李土有能力買，算十分之一的價錢就好了。李土故意說，價格差那麼多，怎麼可能賣！二女婿說，這是他高興賣的，可以請在場的人作證。李土又問開工廠的大女婿，開工廠要花多少錢？大女婿說了一個價錢，接著他說，如果李土要買，算三分之一的價錢就好了，並且也請大家作證人。吃完飯，大家準備回家了，李土就把兩簍蓋了田雞的銀子倒出來。大家看到了這麼多的銀子都嚇了一大跳。李土對他們說，做人不可以瞧不起別人。如果今天他要買田地和工廠，大姐夫和二姐夫就損失大了。〔註60〕

以上這二則故事基本上是同一型的：一、男主角的身份都是三女婿，他們都是窮人而且忽然有了意外之財。二、替丈人祝壽時，男主角都是用竹簍裝金裝銀，再以田雞覆蓋，不使人知。三、在壽宴上，三女婿都被富有的大女婿

---

〔註60〕同註二十七。頁一七○。

和二女婿所輕視，結果都被三女婿突然顯示的金銀弄得很尷尬。故事雖然有趣，但似乎有所遺漏。第一則故事的一開始，講述者說這是一個「傻瓜丈夫和聰明妻子」的故事，然而故事中並沒有說出丈夫是怎樣的傻，也沒有因為他的傻而引起的趣事。如果說他傻是因為他認不出烏金，也不對，因為一個從沒見過烏金，甚至沒聽過烏金的窮人，認不出烏金不能說是傻。至於妻子為什麼會一眼就看出石頭就是烏金也少了交待，而認出烏金是經驗，不是聰明；她因丈夫傻而不立刻說明以免消息洩漏才算是她的聰明。此外，傻丈夫在岳家把「石頭」顯出來，大家一見就知道那是烏金，這表示岳家和大女婿、二女婿都是有錢人，都是見過或知道烏金的，這也可以說明為什麼三女兒可以一眼看出那些石頭是烏金。但是，三女兒既然出身富家而且又聰明能幹，怎麼會嫁給一個既窮又傻的丈夫呢？這似乎省略了某些說明。

　　而第二則故事中，大家在壽宴上給三女婿摻水的酒和新舊不一樣的筷子，而三女婿的巧對，使大女婿和二女婿覺得「他怎麼變得那麼聰明了」，可見大家一直認為他是傻瓜而作弄他的。和第一則故事對照，第一則故事顯然是把戲弄傻女婿的細節省略了。但是在第二則故事當中，男主角一開始並非以傻子的形象出現，故事講述人沒有說他傻，他也沒有傻的言行，然而到了壽宴時，卻突然冒出了把他當傻子戲弄的情節，那麼這一則故事若非開始時有所遺漏，便是把男主角當傻子戲弄的情節是忽然穿插進去的，因為最後他教訓兩位連襟的話也不像是一個傻子說的。對於這二則故事遺漏、交待不清的地方，以下這則故事可以作為參考：

> 從前有一個愚子婿，有一天，為祝賀岳父的生日，帶了些壽幛、壽麵、鴨子等禮物到岳家去。……他在路上看見一堆牛糞，牛糞蝟集滿蒼蠅，當他走近，那群蒼蠅都一下飛散。他口裡說：「戶蠅（蒼蠅）當屎庀（糞疤），看我來，就爬起。」接著，他走近了一家農家，聽見了一個正在修籬笆的農人說：「新籬離舊籬，暫渡來過時（暫時過得去）」，就把這一句話記住了。原來愚子婿出門的時候，他的太太特別吩付他說：「祝壽時，你也要說些吉祥的話，才不會被人家取笑！」所以他就把剛才見的農人的話當做是很好的喜句，牢牢記住了。走到一處兩條河流會流的地方，他又見了河邊的一位老人說：「流水相通，水色不相同」（河水一條是澄清，一條是混濁，因而這樣說的），他聽了大喜，也把這一句很有意思的話記住。

這位愚子婿到了岳父家，當時在座的客人，看見他來，大家都站起來相迎，哪知愚子婿卻說：「戶蠅（蒼蠅）當屎厄（糞疤），看我來，就爬起（站起來）」，使得滿堂的人被這獃子罵得啼笑皆非。壽宴開始，愚子婿看見桌上人家面前排的是新的象牙筷子，自己面前卻是舊的筷子，於是乎，又喊說：「新籬雜舊籬，暫渡來過時」，大家聽他說得既妙又文雅，也換給他新的象牙筷子。雖然這樣，大家仍以為他愚笨可欺，故意倒一杯和大家不一樣的壞酒給他。這事被愚婿覺察了，他又隨口喊道：「流水相通，水色不相同」。不消說，這句文雅的句子又是驚動眾人，大家也只好給他倒好酒了。〔註61〕

這則故事將傻女婿的故事說的很清楚，可作為前二則故事的補充。傻女婿祝壽是中國民間流傳很廣的故事，主角大多是傻傻的三女婿，內容大概是：他在去丈人家祝壽途中聽到了一些話而牢記在心，在壽宴上大家因他傻而試探他或作弄他時，他便把那些話一一說出。結果分兩種，一是他每次說話都能適當地回應當時的情形，於是大家認為他不傻而皆大歡喜；另一種是開始幾句雖然能適合當時的情況，但最後還是鬧了大笑話，露出了馬腳。在澎湖採錄的這二則故事，無疑都是「窮女婿意外得金」和「傻女婿祝壽」二者的結合，於是女婿便成了又窮又傻。但故事中的富家女何以會嫁給又窮又傻的女婿，卻仍是一個謎。針對此點，金師榮華說：

富女下嫁窮漢的原因可分為四類：1、最早是「天婚」說。女主角奉行「天婚」，倒騎在牛背上，任牛所至。為何要倒騎牛背呢？這是使騎牛者不看前路，連任何可能影響牛隻進行方向或停走的無意識動作都避免了，是完完全全的任牛所至。後來在有些故事裡演變為騎在馬上任馬所至，甚至還是高難度的倒騎馬背。2、女主角言辭直率，惹惱了父親，於是父親把她嫁給了一名窮漢，或是讓她騎馬招親。常見的形式是：一個富翁問他的三個女兒，她們是靠誰的福份才有這樣富裕的生活？老大老二都說靠父母，老三則說人各有命，一切要靠自己的福份。父親聽了大怒，就替她擇配一名窮漢，看她怎麼靠自己的福份。3、丈夫發了財，或是誤會妻子不貞（故事類型八八二），把妻子趕走，妻子騎馬離去而不知何往，於是任馬所至，與一名老實的窮漢成就了姻緣。4、女主角

---

〔註61〕吳瀛濤：《台灣民俗》，（台北眾文圖書·民國八十三年五月），頁三九一。

自己的選擇。〔註62〕

由於以上的因素，所以富家女才會下嫁窮漢。〔註63〕

## 四、吟詩作對的故事及其他

　　題詩、寫對聯是傳統文人常做的事，澎湖民間也流傳著一些相關的故事：

> 有一戶人家，家中很窮苦，祇有父子二人。兒子已經二十五、六歲了，還沒娶親，很想娶個妻子，可是家裡窮，不敢說，所以就在廁所牆上用紅磚寫下：「歲數吃到二五六（二十五、六歲），沒妻可娶最吃力。」爸爸看到了，把字擦掉，寫上：「家裡沒簽又沒米，要再加添二五年。」意思是說家裡窮，連蕃薯簽和米都沒有，想要娶親，再等二十五年吧！兒子到廁所，看到爸爸寫的，也把字擦掉，寫上：「十七十八是宰相，五十算來是沒用。」意思是說十七、八歲正當年少驃悍，等到五十歲就沒什麼用了。不久爸爸又將字擦去，寫上：「澎祖吃到八百二，五十算來是幼兒。」兒子一看，沒指望了，祇好放棄。〔註64〕

這則故事在山西、河北也有流傳，〔註65〕而居然在萬里之外的小島望安，由一位不識字的老婦講出來，實在不可思議，金師為此大為感歎民間故事的傳播力量實在驚人。上述幾個地方外，台灣的宜蘭、雲林二地也流傳著也類似的故事及歌謠：

> 澎祖活八百二，五十還是幼兒，
>
> 六十還在搖籃裡，七十還是小弟弟，

---

〔註62〕同註二十七。頁二六四。

〔註63〕以上有關「傻瓜丈夫聰明妻」之論述，參考金榮華：〈澎湖〈傻瓜丈夫聰明妻〉故事試探〉。該文收於《海峽兩岸民間文學學術研討會論文集》，（台北元智大學，民國八十九年五月），頁一三一。

〔註64〕同註二十七。頁十三。

〔註65〕山西大同一帶所說，兒子與父親相繼寫的字句如下：「五五二十五，褲子爛了沒人補。」「想要有人補，還得二十五。」「那不是遲了嗎？」「老子一百兒四十，六十得子不算遲。」河北涉縣附近所說兒子和父親的題詩如下：「小子年長二十五，鞋襪子破了沒人補。」「想要有人補，再過二十五。」「人活六十花甲子，人活七十古來稀，誰到五十才娶妻？」「我兒能活彭祖歲，八十娶妻也不遲，五十祇當少年時。」同註一，頁二三二，金師案語。

八十呀不稀奇，九十多多是，一百歲就是笑嘻嘻。〔註66〕

有個人去上廁所時，就在廁所裡面寫字：「人生活到二十五，沒有老婆很辛苦。」他父親去上廁所時看到了，就把那個白墨拿起來，寫道：「家裡貧窮沒辦法，再多二十五。」哇，這下子他看了說：「這怎麼可以？『再多二十五』就五十歲了呀！」就寫了：「甘羅七歲做宰相，五十算是沒有用。」他父親進去時看到了，又添了下去：「彭祖活到八百二，五十算來仍是孩童。」〔註67〕

由這些故事、歌謠，可以想見民間故事的傳播力量實在不可思議。請再看這則故事：

從前有一對兄妹，哥哥已經結婚了，妹妹未嫁，兩個人的房間是分開的。有一天晚上，哥哥經過妹妹的房間，忽然聽到妹妹睡覺時唸著：「五哥打死就沒再來，一點紅花由你採，黑黑暗暗你也來，長腳的秀才。」哥哥聽了認為妹妹可能在作壞，所以才會唸著這幾句話。第二天就叫家丁把她妹妹丟到沒有親朋好友的地方，半路上遇到一隻豬哥，妹妹就對豬哥說：「豬哥仙、豬哥仙，兩鼻掛兩圈，我沒貪花，也沒好姦，為什麼要把我抓去，受可憐。」哥哥聽到了這番話以後，就相信妹妹是清白的，就把妹妹接回去了。〔註68〕

故事中妹妹所吟的詩句需略加說明：「五哥」：指的是五根手指頭。「五哥打死就沒再來」：指蚊子被打死後就沒有再來。「一點紅花由你採」：「一點紅花」指血滴，本句是指蚊子吸人血。「黑黑暗暗你也來」：指蚊子晚上沒有燈光也來。「長腳的秀才」：指蚊子。所以妹妹第一次吟詩的主題其實是「蚊子」，但哥哥卻誤解為妹妹背著他偷人，所以才想把妹妹丟到外地去，途中妹妹看見了一隻豬又吟起詩來，這時哥哥才恍然大悟，原來妹妹唸的都是「詠物詩」，不是他先前所想的那般，所以又把妹妹接回去了。由現代的觀點來看，古時候的女子真沒有地位，只因為吟了一首詩就要被送走，實在可悲。但從另一個角度來看，昔時民風純樸，以為女子無才便是德，偏偏故事中的女子，不

---

〔註66〕胡萬川：《宜蘭縣民間文學集（二）》，（宜蘭縣立文化中心，民國八十八年六月），頁一五五。

〔註67〕胡萬川：《雲林縣閩南語故事集（一）》，（雲林縣立文化中心，民國八十八年十二月），頁二十七。

〔註68〕鄭石蓮步女士於民國八十七年六月一日馬公觀音亭講述。洪文振、鄭瑞章採錄。未刊稿。

僅有詩才，而且所吟之詩又發人誤解，無怪乎哥哥要狠心送妹妹走，因為事關教化，古人是很嚴肅看待的。下面這則故事，則是一做塾師寫對聯損人的故事：

> 從前湖西鄉有個以燒灰為業的人，他有一個兒子，所以就請了一個學問老師來教兒子。到了過年要放假了，燒灰的就跟老師說：「你不要回去，我請你幫我燒灰，讓你有錢賺。」那老師暗想：「我是個老師，我讓你請，我就沒人格了，這樣看不起我！」但那燒灰的實在是一片好意，想讓老師多賺些錢，但老師卻把他當成惡意。因為燒灰的不識字，就趁著老師回去之前，請老師幫他寫一副對聯，老師口中說好，其實心裡卻想著：「我的機會來了。」就提筆寫了一副對聯：「滿門生不足，一生午出頭」。過年時，附近的鄰居到家裡來玩，看到對聯就問他是請那位先生幫你寫的，燒灰的說：「這對聯寫這對很好啊！」「老師解釋給我聽，說：『滿門生不足』是說我只有一個孩子，還很小。『一生午出頭』是說我一生就靠我自己做事養家。」鄰居就跟他解釋說：「『滿門生不足』，這個「生」字少一橫是什麼字？（牛）『一生午出頭』」的「午」字出了頭是什麼字？（牛）」那燒灰的就想，我跟老師的感情也不錯呀，他念給我聽的意思也很好，為什麼寫出來會這樣呢？〔註69〕

故事中對聯的關鍵在「一生『午』出頭」這個「午」字上，正確的寫法應該作：「一生『吾』出頭」，意為燒灰者自食其力靠自己養活一家人，但因「吾」、「午」台語同音，塾師欺燒灰者不識字，便寫了同音字「午」來代替，暗諷他是一頭牛，這牛有做牛做馬之意，也可能取笑燒灰者是個文盲（台語把文盲叫做「青暝牛」）。故事中的塾師誤解人家的好意也就算了，還為文罵人，實在不夠厚道，但中國人傳統的「萬般皆下品，唯有讀書高」的想法在此表露無疑。燒灰者好心要讓塾師幫忙，讓他多賺點錢，但塾師卻思想封建，以為士為萬民之首，根本不屑做這種工作，曲解了燒灰者的好意，才引出這個故事。下面這則也是一個和老師有關的故事：

> 貪吃的老師是怎的一個人呢？學生家庭情況較好的，有特別請他吃飯的，他就教得比較認真；沒請他吃飯的，他就比較馬虎。有一個

---

〔註69〕蔡修德先生於八十八年十二月十一日馬公市鐵線里講述，蔡靜蓉、倪惠貞採錄。未刊稿。

學生回去向他母親說了這個情形，他家是不怎麼有錢的，但是他的母親說：「好啊！去約老師，看哪一天能來。」一天，老師很高興的去這個學生家吃飯。到了學生家，學生的媽媽就招呼他說：「老師你請先坐坐，我去煮點東西。」那時快要中午了，學生的媽媽就在廚房「幾幾呀呀」地弄了很久很久，沒有拿出東西來。老師坐了很久，不見菜端出來，肚子很餓了，看到桌上有一個餅，就拿起來吃了。這時候學生的媽媽才把菜端出來，見桌上的餅沒有了，就故意問：「先生呀！餅呢？」「我吃了！」「糟糕！這餅是有毒的，是要毒老鼠的。」學生的媽媽裝出一臉驚訝的樣子。「那怎麼辦？」老師一聽可就心慌了。「要怎麼辦？那要趕快灌餿水，讓它吐出來。」學生的媽媽說著就放下了菜去拿養豬的餿水給老師吃，一邊還說：「趕緊！趕緊！」

老師被灌餿水後，吐得要死，以後再也不敢來這裡吃東西了。〔註70〕

故事中的老師貪吃、大小眼，所以受到家長的作弄，實在罪有應得。這則故事是屬於編號一五四三 E*「假毒藥和解毒劑」的故事類型，主要見於四川、廣東潮州、浙江、閩南、上海一帶。〔註71〕最後再看這則故事：

從前，有兄弟兩人，哥哥不管開什麼店，最後一定倒閉；弟弟開人蔘行，生意卻越來越興隆。哥哥心想：我的學問好又聰明，為什麼做什麼生意都不成功；弟弟的人蔘行卻一家接一家地開分店，其中一定有原因。有一天，哥哥趁弟弟不在家時，偷偷去翻他的帳簿，帳簿裡竟然沒有寫半個字，祇是畫了很多或長或細、或長或短的人蔘。原來弟弟不識字，因此用畫人蔘來記帳。哥哥看了感嘆地在帳簿上寫了個「命」字。弟弟回來後，翻看帳，看到上面的命字，竟說：「怎麼連鱟魚也記在上面！」原來「命」字的形狀看起來像一條鱟魚，弟弟不識字，把它當成魚了。〔註72〕

這則故事可以當笑話來看，也可以視為台灣人對「成功」的看法：一個人的成功與否，上天早就安排好好的，未必然與個人的聰明學識有關。一般人總愛舉王永慶為例子，說他沒念什麼書，卻創立了台灣數一數二的大企業，手底下多的是博、碩士畢業的人受他驅使、為他賣命，讀書何用？一切不就是

---

〔註70〕同註二十七。頁二〇七。
〔註71〕同註五十三。頁一二一。
〔註72〕同註二十七。頁二二九。

命罷了！或許是這種想法影響，台灣這種故事還真不少，以嘉義的為例：

> 有一個台北的大學生，他大學畢業後呢，每次做生意都賺不了錢。
> 他弟弟不識半個字，不曾讀書，在台南開了木材行，卻賺很多錢。
> 那他大哥就去看他，心想：「弟弟不識字，為什麼木材生意能賺到錢；
> 我是大學畢業的，再怎麼做就是賺不到！」於是南下去看，看弟弟
> 的帳簿。帳簿一打開呢，竟然看不懂！（弟弟是記他自己知道的符
> 號）於是他便在帳簿後面寫了「莫非命」三個字。當弟弟去買了木
> 材回來，打開帳簿要記時，看到了說：「哎！這些零頭就不用記了。」
> 向太太說：「這些零頭，青蛙啦、髮梳啦、魟魚啦，這些是不用登記
> 的。」（原來是看那三個字跟那三樣東西的形狀很相似），以為是他
> 太太記的。他太太說：「沒有呀，我又沒有去動你的帳簿。」後來呢，
> 他拿去給別人看，人家才說：「呀，這是你大哥寫的啦，這字是『莫
> 非命』，不是什麼青蛙、髮梳、魟魚。」〔註73〕

這種故事的流傳，可以說台灣人充滿宿命觀，凡事皆由命定。但也可以反過來說，台灣人不認命，俗話說：「一枝草一點露，天無絕人之路。」只要肯努力，即使是個「青暝牛」，也有成功的一天。若是自恃著比別人多讀一些書、多一份聰明，而不思努力，那麼失敗也是可以預期的。

## 五、結語

坊間的出版品，多將白賊七、邱罔舍的故事，列為台灣民間故事，並說邱罔舍是台南人，這些故事是在台灣發生的。實則，這二個故事都是由大陸（主要是福建）傳進台灣，再經過台灣的本土化所形成的，其中固然有承襲舊有發源地的部份，也有台灣創新的部份。這正是民間故事可以源源不絕，一直推陳出新的原因。至於其他故事，有拋棄貧賤丈夫的妻子，也有巧寄家書、巧言善對的婦人；有不屑從事於工匠勞動的塾師，也有貪吃大小眼的老師；有不識字卻賺大錢的文盲，也有能吟詩作對卻要被拋棄的女子……，上述種種雖都只是些小人物的故事，但能流傳至今，相信一定程度的反映了澎湖地區的一種普遍價值觀：女子應從一而終、女子無才便是德、萬般皆下品惟有讀書高、成功與否靠的是運氣而非學識、一個人所能擁有的財富是註定

---

〔註73〕胡萬川：《雲林縣閩南語故事集》，（雲林縣立文化中心，八十八年十二月）。
頁四十五。

的。這種觀念是否正確，此處不予評論，但藉著這些故事，這種觀念代代傳下來注入我們的生活、我們的文化、我們的思想當中。外國容或有類似的故事，但由於這些文化因子的不同，使得這些民間故事得以是澎湖民間故事而不是美國民間故事、法國民間故事。

# 第三節　幻想故事

## 一、孟姜女的故事

孟姜女的故事，是中國四大傳說之一，民間傳說孟姜女千里尋夫、哭倒萬里長城，是一位充滿傳奇性的人物。澎湖所見唯一的一則孟姜女故事，是一則把男女主角的名字改為牛郎織女的故事。

> 織女是觀音佛祖旁的玉女來轉世的，她長得很漂亮，但任何男生她都看不上眼。那時大陸上在造萬里長城，每戶要抽一個人去做工。牛郎不願意，逃到織女家的花園裡躲在樹上，織女正好在池中洗澡，被他看到了。織女看見水中多了一個人影，才發現躲在樹上的牛郎，因為被牛郎看到了裸體，便嫁給他為妻。當晚他們就在織女家結婚，但正要拜堂時，官府的人來把牛郎抓去了。牛郎被送去造長城，後來身體支持不了，死在當地，就埋在城下。織女知道丈夫死了，便要去找他的屍骨。她一到那裡，皇帝看她那麼漂亮，就想娶她為妻。織女說可以，不過要先找到她丈夫的屍體。以前人傳說，人死了，祇要親人在身旁哭一下，骨頭就會再生肉活過來。織女找到了牛郎的屍骨，立刻把自己的指頭咬破，用血去滴骨骸，並且說：「若你確實是我丈夫的骨骸，血就可以滴進去；若不是，就不要滴進去。」結果血滴入了骨骸，於是織女開始哭，哭到骨骸生出了血筋。正當牛郎要活起來時，土地婆出現了。她教織女把牛郎的骨骸揹起來，結果骨骸受到震動，全都散了。織女很傷心，土地婆卻說：「人都死了，還活起來作什麼？」織女聽了很生氣，說：「好！你居然壞我的好事！」就把土地婆交給土地公看管。所以現在每個墓都有一個土地公在看顧，以免土地婆來搗亂。〔註74〕

---

〔註74〕金榮華：《澎湖縣民間故事》，（台北中國口傳文學學會·民國八十九年十月），頁一五五。

這則故事的男女主角雖然被改了姓名，但說的還是千里尋夫、哭倒萬里長城的故事，只是其中雖然出現了秦始皇欲娶孟姜女的情節，卻又缺少了孟姜女自殺使皇帝不能遂願的結局，而將故事的重心轉移至土地公、土地婆的身上，藉此來說明為何每座墓旁都要立一座「后土」的原因，可見此故事於此有所遺漏。此外，土地婆騙女主角揹起她丈夫的骨骸，以破壞男主角復活的情節，也見於金門及浙江二地，〔註 75〕但都是用以解釋為什麼大家祇供土地公，不供土地婆的原因。其中金門的說法是這樣的：

> 有些土地公廟也奉祀土地婆，不過大部分是沒有的，因為大家都說她歹面，為什麼呢？當年孟姜女萬里尋夫，哭倒萬里長城之後，只看到一堆白骨，那是幾千人幾萬人的骨頭堆，哪知道哪個是萬杞梁？孟姜女心裏難過，就在那裏哭。土地公看她哭得這樣傷心，是真情的，心裏很不忍，被感動了，就變成一個老人來教她，跟她說：「妳把指頭咬破，用血去點骨頭，若是妳丈夫的骨頭，血就會入骨。」於是孟姜女就咬了手指頭去點，點、點、點……點到會滲入血的骨頭就撿起來，點完骨頭後，她把它們拼一拼、湊一湊，合起來正是一副完整的人骨。這時土地公又拿個布袋來給她裝骨頭，並且教她說：「妳背回去，進門後再叫他，把他叫醒，他就回陽了。」土地婆聽了，心想：「嗯？那如果大家都這樣做，以後人都沒有死的，不就要人吃人了？」就偷偷來跟孟姜女講：「妳背這副骨頭回去，要每走三步就蹡一步、每走三步就蹡一步，這樣他才會醒過來。」孟姜女聽了，心想：「嗯，有道理，要搖搖他才會精神起來。」所以她一路上就三步蹡一下、三步蹡一下，蹡到家裡，整副骨頭都散開了，還怎能叫他回陽？從此就沒有人能死後再回陽了，人們也不喜歡拜土地婆了！〔註 76〕

同樣的故事，澎湖是以此說明何以每座墳墓的旁邊都要設一座「后土」，金門、浙江則是用來說明為什麼大家祇拜土地公，不拜土地婆，由此可見，民間故事的解釋往往是多樣性的，端看講述者的說法而定。孟姜女故事的原形，據

〔註 75〕見：《金門民間故事集》第十五頁，《中國民間故事集成・浙江卷》第二九七頁。

〔註 76〕金榮華：《金門民間故事集》，（台北中國文化大學・民國八十六年三月），頁十五。

顧頡剛先生的考證，乃《左傳》襄公二十三（西元前五五〇年）年所載的杞
梁妻：

> 齊侯歸，遇杞梁之妻於郊。使弔之。辭曰：殖之有罪，何辱命焉？
> 若免於罪，猶有先人之敝廬在，下妾不得與郊弔。齊侯弔諸其室。
> 〔註77〕

由此，僅知杞梁戰死，齊侯使弔於郊，杞妻乃知禮之人，不得與郊弔，於是
弔之於其家中。未見絲毫與今故事有關之蛛絲馬跡。到了西漢末期，開始有
了崩城的傳說，劉向的《說苑》及《列女傳》，都說她在夫死後向城而哭，城
為之崩。《列女傳》中又說，她因無人可靠，遂赴淄水而死。迄於六朝末，此
一故事內容大致為春秋時，齊之杞梁戰死，於是妻悲哭以致崩城，後乃赴淄
水殉死，其間作品皆作如此反映，未與秦始皇長城相涉。所哭崩之城，有：
齊城（《列女傳》）、杞城（《論衡》）、莒城（《水經注》）三城。六朝以後至唐
人詩文，漸將哭城與秦始皇長城結為一事，為孟姜女故事轉變之重要關鍵。

　　李唐以降，杞梁妻已有孟仲姿、孟姜女之名，並與秦始皇長築長城相牽
合，崩杞城之說也與崩長城合而為一。比較接近今日傳說風貌記載的，是唐
代的《同賢記》，此書不知為何人所撰，估計是唐玄宗天寶六年以前的作品。
〔註78〕書中說：燕人杞良避始皇築長城之役，逃入孟超後園；孟超女仲姿浴
于池中，仰見杞良，請為其妻。杞良辭之，她說：「女人之體不得再見丈夫，
君勿辭也。」遂嫁之。夫妻禮畢，良回作所；主典怒其逃走，打殺之，築城
內。仲姿既知，悲哽往向城號哭，城牆一時崩倒，死人白骨交橫，不能辨別，
乃刺指血滴白骨，云，「若是杞良骨者，血可流入。」瀝至良骸，血流逕入，
便收歸葬之。這個記載較以前的傳說，頓然換了一副新面目：第一，它把杞
梁改名為杞良，並且變成了秦朝的燕人而築長城了。第二，它把杞梁之妻的
姓名說出了，是姓孟名仲姿。第三，杞良是避役被捉打殺，築在長城內的，
所以要向城而哭。第四，築入長城內的死屍是很多的，所以她要滴血認骨，
這幾點都是很值得注意的。

　　北宋祥符中（一〇〇八～一〇一六）王夢徵作「安肅姜女廟記」（一作「孟

---

〔註77〕《左傳》：（台灣藝文印書館），頁六〇七。
〔註78〕此書不知何人所撰，唯《琱玉集》引，日本寫本《琱玉集》題天平十九年即
　　　　唐玄宗天寶六年（西元七四七年），可見此書是中唐以前人所作，《同賢記》
　　　　又在其前。

姜女練衣塘碑刻」），此碑於明代隆慶年間發現，是目前所知孟姜女廟最早的一個。而後，由元明至清，戲文、傳奇、寶卷多有孟姜之故事，且明人又廣立姜女之廟，雖鄉里荒陬亦有。

由清代至今，孟姜故事的情節大致如下：一、查拿逃走。二、花園相遇。三、臨婚被捕。四、辭家送衣。五、哭倒長城。六、秦始皇想娶孟姜、孟姜要求造墳、造廟和御祭。七、祭畢自殺，始皇失意而歸。〔註79〕澎湖所見的這一則，雖然有所簡略，但基本上還是循著上述的情節來進行，至於缺乏其中第六、第七二項情節，可能是這不是講述者所欲表達的重點，所以便將其省略了。

## 二、七仙女的故事

以下這二則七仙女的故事，為望安鄉一對母子所講述的，講述者雖為為母子，但故事來源各有不同，其內容也互有差異，母親所講的如下：

> 七仙女是天上的七顆星，但是「七顆星六顆明」。那明的六顆是不曾生子的仙女，所以比較清；一顆比較黯淡的，就是生過孩子的。凡間有個董永，他心地好，還沒娶妻，七仙女中的一個就來和他成親，生下小孩後就離開了。因為祇是幫他留個後代，所以時間一到，就要回到天庭覆命。因為她生過孩子，所以她的星看起來比較不明。仙女生下的那個孩子叫董漢。董漢長大後到學堂唸書，被同學取笑沒有媽媽，他回去問爸爸：「為什麼別人有媽媽我沒有？」董永騙他說媽媽死了。董漢又追問：「媽媽要是死了，墓在哪裡？我要去祭拜。」董永被問得無話可說，祇好告訴他某時某日要帶他到某個溪邊去看媽媽。後來，董永真的帶孩子去溪邊。到了中午，有七隻白鶴來溪邊洗澡，其中一隻比較不漂亮，拖著翅膀，飛得比較慢，這是因為生過孩子的緣故。董永指著那隻白鶴對孩子說，這個拖著翅膀的白鶴就是他的母親。〔註80〕

這則故事一開始所述的七顆星，殆指北斗七星，北斗七星今人謂之為大熊座，其中六顆星為二等星，一顆星為三等星，正符合故事當中所述的「七顆星、六

---

〔註79〕以上文字參考：顧頡剛：〈孟姜女研究〉。本文收於王秋桂編：《中國民間傳說論集》，（台北聯經出版事業公司，六十九年八月出版），頁五。及楊振良：《孟姜女研究》，（台北學生書局出版，民國七十四年五月出版），頁一二七。

〔註80〕同註七十四。頁一五七。

顆明」。〔註81〕此外，故事中的主角董永，雖在史傳上未有任何記載，〔註82〕但在民間傳說中，他是一位賣身葬父因而感得仙女下嫁的孝子，《二十四孝》中有其故事。董永孝行事跡，最早見於東漢武梁祠石室（今山東省嘉祥縣）畫像，畫像不知建於何年，但由同室武梁碑立於桓帝元嘉元年（西元一五一年）證之，則畫像年代亦當去此不遠。其內容，謝海平云：

> 武梁祠第二石第二層第三段繪董永之事，其圖畫一人坐鹿車，左手
> 扶鳩杖，右手直前，即董永之父；鹿車後倚一樹，有一小兒，攀卻
> 上，左一人向左立，回首顧永父，左肩有一器，以右手執其蓋，即
> 董永。其上一人橫空，為織女；左上蹲一獸。榜題二段，一段二字，
> 云：「永父」；一段六字，云：「董永，千乘人也。」〔註83〕

之後，干寶《搜神記》及舊題劉向《孝子圖》二書，分別提出了董永「賣身葬父」或「貸錢葬父」兩種說法，其中「賣身葬父」的說法是這樣的：

> 漢董永，千乘人。少偏孤，與父居，肆力田畝，鹿車載自隨。父亡，
> 無以葬，乃自賣為奴，以供喪事。主人知其賢，與錢一萬遣之。永
> 行三年喪畢，欲還主人，供其奴職，道逢一婦人，曰：「願為子妻。」
> 遂與之俱。主人謂永曰：「以錢與君矣。」永曰：「父喪收藏。永雖
> 小人，必欲服勤致力，以報厚德。」主曰：「婦人何能？」永曰：「能
> 織。」主曰：「必爾者，但令君婦為我織縑百疋。」於是永妻為主人
> 家織，十日而畢。女出門，謂永曰：「我，天之織女也。緣君至孝，
> 天帝令我助君償債耳。」語畢凌空而去，不知所在。〔註84〕

《孝子圖》當係六朝人偽託，與干寶《搜神記》所記之時代應相去不遠。董永故事至變文時，又增添董仲尋母一段情節。澎湖這則故事講得十分簡略，前半講仙女下嫁之因，倒也簡單明瞭，但是後半當中，何以董永知道白鶴是

〔註81〕 蔡章獻：《簡易觀星手冊》，（台北世茂出版社·民國七十八年三月），頁九十。

〔註82〕 董永其人，史傳未見記載。漢書功臣表雖有「董永」同姓名者，但其人為高
　　　　昌壯侯董忠之曾孫，於東漢光武帝建武二年五月紹封，封地在千乘郡。此董
　　　　永非彼董永，是十分明顯的。無論如何，千乘郡高昌侯國的侯爺，決不可能
　　　　淪落到傳說中「賣身葬父」的困境；況且若果其孝行如此顯著，以兩漢力倡
　　　　孝廉舉士，帝王多追諡「孝」字廟號，則史傳亦應加以稱頌才是。見洪淑苓：
　　　　《牛郎織女研究》，（台北學生出版社·民國七十七年十月），頁六十九。

〔註83〕 謝海平：《講史性變文之研究》，（台北政治大學中文所碩士論文·民國五十九
　　　　年六月），頁九。

〔註84〕 干寶：《搜神記》，（台北三民書局·民國八十五年一月），頁四十一。

他的妻子，並於特定的時間攜子去尋母，都未作說明，似乎是有所遺漏。關於這一部分，兒子講述的就詳細多了。

　　從前在天上有七個仙女，她們是結拜的姐妹，每年七夕的時候，都會變成七隻白鶴，飛到我們這裡的鴛鴦谷玩水。玩水時，她們又變成七個很漂亮的女孩子，把繡鞋放在岸上，撩起衣服來玩水。有一個年輕的捕魚郎，還沒娶親。七夕那天，他去捕魚，聽到女孩的玩鬧聲，就收起一雙鞋子，然後躲起來。七個仙女玩完水上岸穿繡鞋，結果老大到老六都找到了自己的繡鞋，祇有最小的仙女找不到。眼看回去的時間快到了，六個姐妹都走了，祇剩下她邊哭邊找。這時捕魚郎出現了，問她為什麼哭。她說：「我是一個仙女，每年祇有七夕的時候可以來這裡玩一會。現在七夕快過了，卻找不到鞋子回去，這是犯天條的！」捕魚郎告訴她說：「鞋子是我拿的。」就把鞋子拿出來還給她。她趕緊穿上鞋子，變成白鶴，飛上天空，並且告訴捕魚郎，明年的這個時候她會再回來的。

　　第二年的七夕，七個仙女果然又來了，她們還是把鞋子放在岸上。捕魚郎也來了，他又把老七的鞋子藏起來。不久，她們上岸，老七又找不到鞋子，其他六個姐姐又化作白鶴先走了。這時捕魚郎出現了，老七說：「你怎麼又拿我的鞋子？」他說：「這次鞋子我是不還你了，我還沒娶妻，我要你嫁給我，留在凡間做我的太太。」說著說著，已過了七夕，老七回不去，祇好嫁給捕魚郎，婚後也過得幸福美滿。過了一年，七夕之前，她生下一個男孩。捕魚郎想：「她生了孩子，大概不會走了。」所以到了七夕這天，就把鞋子拿出來還她。誰知她一接過鞋子，馬上變成一隻白鶴，轉身就飛走了。

　　又過了一年，捕魚郎再到鴛鴦谷那個地方看看。這次七個仙女沒有變成人形，所以祇見七隻鶴在那邊玩水，因為她們中的老七犯了天條，暫時不能再變成人形，祇能以鶴的形態出來玩，避免再發生同樣的事。這七隻鶴中，有六隻都很白很漂亮，祇有一隻比較不好看，而且有一隻翅膀收不起來，我們這裡說是「拖膀」──翅膀可以飛，但收不起來。那隻鶴就是捕魚郎的太太。

　　捕魚郎每年七夕都去看她們，但是祇能遠看。如果靠近，她們就會

飛遠一點。後來，兒子漸漸長大了，問父親：「為什麼每個人都有媽媽，就是我沒有？」捕魚郎告訴他，媽媽死了，可是孩子不相信，因為鄰居說他媽媽是一隻鶴，也有人說他媽媽是仙女。後來，爸爸跟他說了實情，並且告訴他，今年的七夕要帶他去見媽媽。到了七夕那天，捕魚郎父子便去鴛鴦谷那裡躲起來看七鶴玩水。爸爸告訴孩子：「那個拖膀的白鶴就是你媽媽，你偷偷潛水過去，抱住她叫媽媽，不要讓她離開。」兒子便偷偷潛水過去，抱住那隻白鶴，傷心地流著眼淚，一直叫「媽媽」。另外六隻白鶴馬上飛走了。被抱住的那隻拖膀白鶴則變成了人和兒子相認。但是她告訴兒子，雖可以和他相認，可是還是要回到天上去，因為她已經犯過一次天條，不能再犯了。〔註85〕

這則故事很明顯的地方化了，發生地點是在澎湖望安的鴛鴦谷，人物則是當地的一位捕魚郎，但這其實是一則中國地區很常見的「天鵝處女型故事」。考天鵝處女型故事，最早見於干寶《搜神記》的〈毛衣女〉：

> 豫章新喻縣男子，見田中有六七女，皆衣毛衣，不知是鳥。匍匐往，得其一女所解毛衣，取藏之。即往就諸鳥，諸鳥各飛去，一鳥獨不得去，男子取以為婦。生三女，其母後使女問父，知衣在積稻下。得之，衣而飛去。後復以迎三女，女亦得飛去。〔註86〕

這可以說明天鵝處女型故事在晉代已開始流傳。到唐末之際，敦煌石室所藏的句道興本《搜神記》，其中有田崑崙故事，敘述田崑崙因家貧，未娶妻室。後來在水池邊看見三女洗浴戲水，隨即變為白鶴，田崑崙偷得其中一個的天衣，因此娶她為妻。天女與田崑崙生下一子，取名田章，其後田崑崙病危，猶叮嚀田母，不可將天衣交還天女，田崑崙去後，天女用計賺回天衣，於是乘空而去。時田章年已五歲，日夜思念母親，悲哭不休，幸得董仲先生指點，到水池邊尋找母親，天女與兩個姐姐就帶著田章上天庭，天公十分愛憐，於是教他方術藝能。四月五日後轉回人間，田章已經是十五歲的博學少年，後來果然因為回答帝王的難題，而召拜為僕射，從此，帝王及天下人民才知道田章是天女之子。田崑崙故事，也是屬於天鵝處女型的故事，但已經比〈毛衣女〉的故事內容豐富，它在後半部，還增衍了「田章尋母」一段情節。

---

〔註85〕同註七十四。頁一五八。
〔註86〕同註八十四。頁五〇〇。

　　鍾敬文曾在〈中國的天鵝處女故事〉一文中，介紹西村真次所研究的「天鵝處女故事基本型」型範：

　　（一）天鵝脫了羽衣，變成天女（人之女性）而沐浴。

　　（二）男人（主要的，為獵師或漁夫）盜匿羽衣，迫天女與之姤婚。

　　（三）姤婚後，生產若干兒女。

　　（四）生產兒女之後，夫婦間破裂，天女昇天。

　　（五）破裂原因，即由於發現了（在前）為「結婚原因」的被藏匿的羽衣。〔註87〕

　　所以兒子講述的七仙女故事，基本上是屬於西村真次所言的「基本型」，再加上「尋母」情節所構成的。不同的僅是以「繡鞋」取代了「羽衣」，尋母後，只是單純的母子相認，並無「兒子得利，術士遭殃」的情節發生。

## 三、蛇郎君的故事

　　「蛇郎君」是台灣地區很常見的一則故事，澎湖也採錄到一則蛇郎君的故事：

　　　　從前，有一個老父，有三個女兒。有一天，這老父走過一個花園，看到花園內開了很多花，很漂亮，就採了三朵，要給他的三個女兒插。正要回家時，恰巧遇到蛇郎君出來，說：「你採了我的花，就要有一個女兒嫁我，要不然我就要抓你。」老父回家後煩惱得不能吃、不能睡，因為大家都怕這蛇郎君。他把這事告訴他三個女兒，問他們誰要嫁這蛇郎君。大女兒說不要，第二個女兒也說不要，第三個女兒看他父親煩惱得不能吃、不能睡，就答應他老父：「好，我嫁！」不久，蛇郎君真的來娶，這第三個女兒也就真的嫁了過去。嫁去之後，這第三個女兒好命得很，因為蛇郎君很有錢，所以她穿得漂亮，吃得好，過著很舒服的生活。有一天，大姐去看這三妹。這三個女兒中，就這第三個女兒雞蛋臉最美，第二個女兒是鴨蛋臉普通，這大姐最不漂亮，臉皺皺的，像硓𥑮石。大姐去看三妹，見她這麼好命，住的房子這麼漂亮，又穿得這麼好，吃得這麼好，便起了壞心，想害這妹妹。於是她邀三妹去後花園賞花，那裡有一口井，她對三

〔註87〕鍾敬文：〈中國的天鵝處女故事〉。本文收於：《中山大學民俗叢書》，（東方文化書局附印本，民國五十八年），第十二冊，頁十八。

妹說：「我們去井邊照井水，看誰比較漂亮！」兩人在照井水時，姐姐就將妹妹推下井去淹死。妹妹被淹死後，大姐假冒她與蛇郎君一起生活。起初蛇郎君感覺不對，以前太太很漂亮，今天怎麼這麼醜！就問：「妳今天怎麼臉皺皺的？」姐姐騙他說：「今天我不小心跌倒，臉被刮到了。」過了幾天，硥砧臉的大姐去挑水，回來時，一隻漂亮的小鳥飛來，停在大姐的扁擔上，對大姐說：「啾！啾！啾！不要臉，穿人家的新衣，抹人家的茶油。」小鳥一直啾，一直笑，笑大姐不要臉。大姐很氣，就抓住小鳥殺掉煮來吃。吃了以後，把鳥骨頭埋在後花園的井邊。不久，埋小鳥骨頭的地方長出一棵竹子。竹子長得很快很高。大姐將它砍下做一張竹椅。說也奇怪，椅子做好以後，大姐坐上去就翹翹倒，坐了就跌。蛇郎君坐上去則很穩當、很舒服。大姐氣極了，就把竹椅劈開，丟進灶內當柴火燒，結果竹椅燒剩的灰變成一個紅龜，看起來很好吃。大姐見了，就將它拿進房間蓋在棉被下，想等到晚上肚子餓時再吃。到了晚上，蛇郎君先去睡，掀起棉被，哇！居然有一個漂亮的女孩，仔細一看，原來是他的太太，就問：「妳怎麼啦？又變得這麼漂亮！為什麼這麼早就上床睡了？」於是三妹把姐姐如何害她，她如何從紅龜變回來的經過告訴蛇郎君。蛇郎君聽後氣極了，就將大姐殺死，和三妹過著美滿的生活。〔註88〕

蛇郎君的故事是屬於四三三 D「蛇郎君」的故事類型。台灣地區的蛇郎故事，就坊間出版品及口傳採錄來看，一般的情節結構如下：

一、老父因採花被蛇郎察覺而允諾嫁女，可是女兒們都不願意，只有一位女兒願意嫁蛇郎、嫁蛇郎的女兒婚後反而過著幸福快樂的日子。

二、她的姐妹們因妒嫉而誘騙她到井邊照看倒影，趁機將她推入井（河）中，然後冒充她的人回到蛇郎家。

三、妻子的靈魂變成一隻鳥，不斷的譏諷她的姐妹，因此遭到姐妹的捕殺烹食。蛇郎吃鳥肉時滋味鮮嫩，但她的姐妹吃的鳥肉又老又臭，所以將剩餘的鳥肉扔掉。由鳥肉棄置處長成一棵竹子，竹子被

---

〔註88〕同註七十四。頁一九三。

砍下做成椅子（躺椅），當蛇郎坐時很舒服，她的姐妹坐時則會跌一
跤，這椅子又被劈了當柴燒。鄰居到蛇郎家討火種，結果在灶內發
現有個紅龜（白龜、年糕）粿，帶回家後才發現變成一位女子，原
來是妻子恢復了原形。

四、經由女子教導老婆婆與蛇郎的機智問答，蛇郎終於認出自己妻
子，並懲罰或殺害她的姐妹，最後夫妻得以團聚。所以漢族群的蛇
郎故事基本上是由嫁蛇、遇害、變形、團圓等情節所構成。〔註89〕

澎湖的這則蛇郎故事，大致符合上述的情節發展，但在形容大姐的臉孔時，
很特殊的用了「硓𥑮石」這個詞。「硓𥑮石」是澎湖一地特有的專有名詞，指
的是由海裡撈起來，可作為建材之用的珊瑚礁石，這種硓𥑮石，外表坑坑洞
洞的，充滿許多氣孔，造出來的房子冬暖夏涼，住起來相當舒服。此處用硓𥑮
石來形容大姐的臉孔，比台灣一般用的「麻子臉」生動許多，表現出它的地
方特色。

## 四、虎姑婆的故事

虎姑婆也是台灣民間常見的故事，常常被父母用來教導子女要聽話，不
然就會被虎姑婆吃掉。虎姑婆其實是中國地區常見的一則故事，因流傳地域
的不同及當地動物的不同而有「狼外婆」、「熊家婆」、「老虎外婆」等不同的
稱呼，是屬於 AT 分類法中三三三 C「虎姑婆」的故事類型：

母親出門時，囑咐孩子們小心看家，不要隨便開門讓陌生人進來。
後來一隻老虎或狼，冒充是他們的外婆，騙孩子開門進了屋。晚上，
假外婆吃掉一個孩子，另一個孩子聽到她咬嚼的聲音，向她要一點
吃，結果拿到的是她吃剩的手指，因此察覺到這個外婆是冒充的，
便假裝要上廁所而走屋外。假外婆防他逃走，在他身上繫了一根繩
子。他到了屋外，把繩子繫在別的東西上，然後逃走。當假外婆發
現受騙，急忙去追，孩子便用種種方法躲避，最後用開水或其他方
法把假外婆殺死。有時也出現上天幫助孩子的情節。〔註90〕

〔註89〕陳麗娜：〈《蛇郎》故事在台灣的流傳與變異〉，（《美和專校學報》，民國八十
　　　　七年七月，第十六期），頁一八七。
〔註90〕金榮華：《中國民間故事集成類型索引（一）》，（台北中國口傳文學學會，民
　　　　國八十九年元月），頁二十五。

澎湖採錄到的幾則虎姑婆傳說，和前述的大意差不多，並無特殊之處，故此處不擬多談，但有一則名為〈鬼婆婆〉的故事，倒可以略提一下：

> 鬼婆婆會騙小孩，說要買很多東西給他吃，叫他跟她走，然後把他關起來吃掉。有一次，鬼婆婆又拐了一個小孩。這小孩很聰明，他把酒瓶打碎，一路走一路灑碎玻璃片。玻璃亮亮的，月亮一照就可以找到路回來。鬼婆婆捉住他後，把門一關，他就由門洞跑出來，沿著那條亮晶晶的路回家了。鬼婆婆第二天再來抓這孩子，知道這孩子屬害，抓到以後就燒了一大鍋水，要把他推到水中燙熟了吃。水燒開後，鬼婆婆拿了一個椅子，要孩子站上去。她的本意是小孩站上去後，趁他不注意時推他下鍋。但是孩子站上椅子後，靠在鍋邊說，鍋子裡面好像有什麼東西，要鬼婆婆上去看看。鬼婆婆站上椅子低頭看時，孩子把她推進鍋中燙死了。〔註91〕

這則故事第一次講述時，講述者說這是「虎姑婆」的故事，一個多月後，筆者拿著錄音帶，就其中聽不清楚的地方向其請教，她又講述了一次，但這次她說這個故事是「鬼婆婆」（おにばば・O NI BA BA），是她小學時的日本老師說給她聽的。在中國「鬼婆婆」的故事並不盛行，但在日本則為數不少，這則故事的出現，顯示出外來文化是如何藉由政治的力量而影響本土的文化。

## 五、彭祖的故事

　　民間傳說中，彭祖是一個長壽之人，據說他總共活了八百二十歲，他何以這麼長壽？故事是這麼說的：

> 從前有一個彭祖公，他本來祇有二十歲的壽命。有一天，他走到溪邊，遇到八個神仙，八個神仙想試探他，就變成八個穿長袍、戴高帽、著白襪黑鞋的老人，他們走到溪邊看著溪說：「我們的衣服穿那麼漂亮，這條溪走不過去怎麼辦？」彭祖在一旁聽了就說：「阿伯呀！沒關係，我揹你們過去。」就一個一個揹他們過去。於是那八個神仙每個人給他添一百歲的壽命，加上他本來的二十歲，所以他就活了八百二十歲。〔註92〕

---

〔註91〕同註七十四。頁二〇四。
〔註92〕同註七十四。頁十三。

有關彭祖長壽之因，民間傳說是由於他遇到仙人的緣故，他遇到的是什麼仙？
通常有八仙及南、北極仙翁二種說法。遇八仙之說，就如前引故事一樣，由
於他禮敬（或幫助）八仙，所以八仙每人為其增壽一百。遇南、北極仙翁之
說，則是基於民間「南斗註生、北斗註死」的說法。這二位星君（仙翁）是
掌管人類生死的二位大仙，凡有關消災延壽之事，均可向這二位仙翁乞求。
而彭祖向二位仙翁求壽的結果，便是二位仙翁分別在生死簿上，為他添上一
字（八、百），所以他就多活了八百歲。若是採用這種說法，則通常是採用八
二九A「神仙應請增人壽」（如何避免命中注定的死亡）的說法：

> 卜者算出一個年輕人的壽命不長，教他備了酒菜，在某時到某地去
> 看兩位老人下棋。兩位老人一邊下棋，一邊隨手取吃年輕人備的酒
> 菜。當他們下完棋，才發現旁邊有個年輕人，並且還吃完了他的酒
> 菜，便商議要怎麼酬謝。年輕人則立刻依卜者指示，懇求他們延長
> 他的壽命，原來這兩個人是掌管人們生死的大神。他們因為已經吃
> 了年輕人的酒菜，覺得總要給他一點好處，終於同意讓他多活數十
> 年。或是誘使死神使者先吃了他所準備的宴席，然後請求開恩，把
> 他的名字移到生死簿的邊緣，這樣在裝釘簿子時他的名字便會被夾
> 住而看不到。（故事型號原作九三四D・二命運的故事類）。〔註93〕

這型故事最早見於干寶的《搜神記》：

> 管輅至平原，見顏超貌主夭亡。顏父乃求輅延命。輅曰：「子歸，覓
> 清酒一榼，鹿脯一斤，卯日，刈麥地南大桑樹下，有二人圍棋次，
> 但酌酒置脯，飲盡更斟，以盡為度。若問汝，汝但拜之，勿言。必
> 合有人救汝。」顏依言而往，果見二人圍棋。顏置脯斟酒于前。其
> 人貪戲，但飲酒食脯，不顧。數巡，北邊坐者忽見顏在，叱曰：「何
> 故在此？」顏唯拜之。南邊坐者語曰：「適來飲他酒脯，寧無情乎？」
> 北坐者曰：「文書已定。」南坐者曰：「借文書看之。」見超壽止可
> 十九歲。乃取筆挑上，語曰：「救汝至九十年活。」顏拜而回。管語
> 顏曰：「大助子，且喜得增壽。北邊坐人是北斗，南邊坐人是南斗。
> 南斗注生，北斗注死。凡人受胎，皆從南斗過北斗。所有祈求，皆
> 同北斗。」〔註94〕

---

〔註93〕同註九十。頁六十。
〔註94〕干寶：《搜神記》，（台北洪氏出版社，民國七十一年元月），頁三十四。

之後，遠至敦煌、北京、陝西、四川彝族、近至上海、廣東都有這類型故事流傳。〔註95〕在台灣，台中、宜蘭、彰化、苗栗等地，亦有類似的歌謠、故事，可見其流傳之廣。

## 六、人為財死的故事

從前有兩個兄弟，哥哥很不孝順，整天遊手好閒無所事事，弟弟卻很孝順，每天到深山砍柴，賺錢養活父母。有一天，弟弟照例去砍柴，忽然看到一棵很大的樹，他想把這棵樹砍下來賣，一定可以賣到很多錢。所以就動手砍樹，砍到一半，忽然飛來一隻大鳥跟他說：「我的巢在樹上，可不可以不要砍這棵樹？」弟弟說：「我的家境不好，必須靠砍柴為生。」大鳥聽了就說：「如果你不砍這棵樹，我會幫你解決困難。」弟弟答應了。大鳥告訴他明天早上七八點的時候，穿一件破舊的衣服來樹下等他。隔天，弟弟依約前來，大鳥就載著弟弟飛到一個神秘的地方，滿地都是錢，弟弟因為穿的很破破舊，口袋只能裝一點錢，所以一會兒就撿完回去了。回去之後，弟弟用這些錢買了許多東西來孝順父母。過了幾天，弟弟又跑去拜託那隻大鳥，請他再帶他去撿一些錢，大鳥二話不說的就又載他去了。這次撿了比較多的錢，所以弟弟就用這筆錢蓋了一棟房子給父母住。又過了幾天，弟弟又去拜託大鳥，請他幫最後一次忙。大鳥也如他所願，又帶他去撿了不少錢。這次回來，正好碰到遊手好閒的哥哥回來，哥哥看到家裡的景象，大吃一驚，就問弟弟為什麼會在這麼短的時間變的這麼有錢。弟弟老實的把經過說出來，哥哥聽了很羨慕，便要弟弟帶他去找那隻大鳥。隔天，兄弟兩人就去找那隻大鳥，請他載哥哥去撿錢。大鳥答應了，就載著哥哥出發。一到那裡，哥哥看到滿地的錢，心中暗想：「還好我帶了兩個大布袋來。」於是哥哥拼命的撿，兩個布袋裝的滿滿的，身上也裝的滿滿的。大鳥看了就說：「你撿了那麼多，我載不動，你要丟掉一些才可以。」哥哥聽了很生氣的回答他：「這些錢是好不容意易撿來的，怎能丟掉。」大鳥聽了之後，就不理他，自己飛回去了。結果哥哥就餓死在那裡，

---

〔註95〕丁乃通：《中國民間故事類型索引》，（北京中國文藝出版社・一九八六年七月），頁三〇九。又見註十七。頁六十。

不久屍體就被其他的大鳥吃掉了。在樹下等的弟弟，看到大鳥回來，
卻沒看到哥哥，就問大鳥原因。大鳥把事情說出來，弟弟很擔心，
就拜託大鳥載他去找哥哥。結果到了那裡，哥哥只剩下一堆白骨，
弟弟很傷心，大鳥說這就是貪心的下場。〔註96〕

這則故事流傳於四川、安徽、江蘇、黑龍江、北京、山東、浙江等地，泰雅族、羌族、麼佬族、白族亦有流傳，〔註97〕屬於編號五五五 Ａ「太陽升起的地方」的故事類型。這型的故事，標題一般做：「人為財死，鳥為食亡」，因為在故事的最後，哥哥通常因為貪心捨不得離開，所以不久便被日出的太陽活活曬死。隔日，大鳥去啄食哥哥的屍骨，同樣因為過分貪食捨不得離開，所以最後也被太陽曬死，只有知足善良的弟弟從此過著幸福美滿的日子，印證了「人為財死，鳥為食亡」這句話。這樣的一則故事，雖然是以幻想故事的形式呈現，但所蘊含的寓意是非常深遠的。

## 七、結語

澎湖採集所得的幻想故事雖然不多，卻幾乎都是大家耳熟能詳的故事：孟姜女，只是它冗長傳說中的一個插曲，重點在於說明何以每座墳墓邊要立「后土」的石碑；望安陳秀母子所講的七仙女雖然各有千秋，但似乎都有所遺漏；虎姑婆差不多是每個台灣小孩從小就聽過的，大人以此來教導小孩要聽父母的話，不然就會被虎姑婆吃掉；「人為財死，鳥為食亡」更是教導我們要知足、不可貪心。蛇郎君故事，有因循傳統說法的部分，也有加入地方色彩的部分。這幾則故事，雖說都是幻想成分濃厚的故事，在實際生活中不大可能發生，但其內容反映的還是現實社會中的與人、與事、與物的種種關係。先民們藉著這些故事表達了他們的思想情感，也藉此對下一代有所教育，這就是民間文學所蘊含的傳統性及社會意義。

## 第四節 動物故事

自古以來，人類和動物即存在著密切的關係，人類利用動物為他們分擔

〔註96〕姜佩君：《澎湖民間傳說》，（台北聖環出版社‧民國八十七年六月），頁一二三。

〔註97〕許端容：〈泰雅族口傳故事類型試探〉，（《海峽兩岸民間文學學術研討會論文集》，民國八十九年五月），頁一四九。

勞役工作，飼養、狩獵動物，從動物身上得到食物和生活用品。在人類形成
和發展的過程中，從來沒有離開過動物，因此一個民族或地區，動物故事的
多寡常與該地區對動物資源的利用程度有一定關係。澎湖所見的動物故事不
僅很少，而且皆為說明性質的故事，如這則「為何鹿有角」的故事，便藉著
動物間的「借角」來說明，為什麼狗一見到雞就要咬，雞每天一大早就會咕
咕的叫。

> 在很古老的時候，澎湖流傳著一件事，那就是以前鹿並沒有角，但
> 狗卻有角，那為什麼現在狗沒有角反而鹿有呢？據說有一次鹿去找
> 狗和公雞，看見狗頭上的角實在很漂亮，便說：「狗兄弟，狗兄弟，
> 你能不能把角借給我戴戴呀！」狗因為很老實，就將角借給了鹿，
> 鹿借到角後就到水邊照鏡子，他看著水中的倒影，愈看愈喜歡，於
> 是便不想把角還給狗，但這角到底是人家的，他就想：「反正我跑得
> 很快。」於是他便賴皮的逃到了山裡，不把角還給狗了。但是鹿向
> 狗角借時，是由公雞當保證人的，他保證一定會把角要回來的，所
> 以狗便向公雞要角，可是公雞找不到鹿，沒辦法還他，所以從此狗
> 看到公雞便要咬他。也因為如此，公雞感到很羞愧，所以牠每天一
> 大早，約三、四點時便起來大聲的叫：「鹿角還狗哥。」〔註98〕

這則故事是屬於編號二三五A「動物向鳥（或別的動物）借角或別的東西」的
故事類型，〔註99〕藉由這個故事，說明了這些動物不同的外表及習性的由來。
漢族之外，苗族、畬族、水族、納西族……都有類似的故事，只是動物不太
一樣：有的是龍向公雞借角，〔註100〕有的是鹿向公雞借角。〔註101〕有時候，
這則故事的發生背景，會被設定在上帝排十二生肖的時候，上帝在「排肖」
之前，先舉行「上肖」大會，選出十二種動物，然後再以某種競賽，排出先
後順序，所以才產生了，某種動物去向別種動物「借角」來裝扮自己的故事。

---

〔註98〕陳宏利先生於民國八十七年十一月八日馬公市講述。吳玉仙、謝梅雀等採錄。
　　　　未刊稿。
〔註99〕丁乃通：《中國民間故事類型索引》，（北京中國文藝出版社・一九八六年七月），
　　　　頁四十五。
〔註100〕金榮華：《中國民間故事集成類型索引（一）》，（台北中國口傳文學學會・八十
　　　　九年元月），頁十五。
〔註101〕譚達先：《中國動物故事研究》，（台北商務印書館・民國八十一年十二月），
　　　　頁七十九。

〔註102〕但中國境內的動物何其多！這十二種動物是基於什麼樣的標準挑選出來的？又是如何排定先後呢？在澎湖的說法上是這樣子的：

> 鼠、牛、虎、兔、龍、蛇、馬、羊、猴、雞、狗、豬等十二種動物，在一次運動大賽中，贏得前十二名，被排列十二生肖行動敏捷的貓卻被排除在外，列不上名。原因是本來一馬當先，衝得最快，不幸因而氣喘病發作，跑不了，前功盡棄，令人惋惜。鴨子呢？兩腿粗短，動作緩慢，自然也搭不上十二生肖的邊，懊惱非常，嘴巴怨得扁扁，可憐喲！〔註103〕

> 從前，十二生肖排順序，看誰跑得最快。那個牛啊就往前衝，人說蠻牛蠻牛嘛！老鼠跑不快，會被人家踩死，要跑的時候他就跳到牛的背上，牛沒看到，重量也很輕啊。牛一直跑跑跑，衝啊一直衝，快衝到終點時，老鼠立刻向前跳下去。牛跑得最快，不過到終點時老鼠先跳下去，鼠就排名第一啦，所以生肖排順序才一鼠二牛。啊！其他呢？其他就是在這樣排的啦，鴨就排不上了。〔註104〕

中國自古即以干支來記年月日，又用十二種動物和十個「地支」相配，每一個地支用一種動物為代表，比如說子配鼠、丑配牛、寅配虎……如此兩兩相配的結果，便形成了中國特有的十二生肖：鼠、牛、虎、兔、龍、蛇、馬、羊、猴、雞、狗、豬。十二生肖的形成，自有其歷史背景，〔註105〕但在民間故事中，大都是說動物們以某種競賽（賽跑、比大小、比渡河、比誰先看到日出……等）來決定十二生肖的順序。故事中出現的動物主要是貓、鼠、牛三種，很少有提到鴨的，但澎湖所見的二則都提到了鴨。一則是筆者在採錄時，順口問了一句：「啊其他呢？」講述者馬上就回了一句：「鴨就排不到啦！」利用閩南語中「鴨」、「啊」的諧音，提了鴨子一句。另一則由「鴨子呢？」這句話來看，似乎也是有採錄者發出了疑問，所以才引出鴨子就是因為排不上十二生肖，所以嘴巴才怨得扁扁的這段話。這些小插曲，未見於其他地方，

〔註102〕陳佳雯：《十二生肖故事研究》，（中國文化大學中文所碩士論文，民國八十四年六月），頁一三九。

〔註103〕《竹灣風情》，（澎湖竹灣國小・民國八十七年六月），頁一四八。

〔註104〕金榮華：《澎湖縣民間故事》，（台北中國口傳文學學會・民國八十九年十月），頁一五〇。

〔註105〕十二生肖的形成，有人認為和天象、紀日有關；也有人認為與動物的圖騰崇拜有關。見註五，頁四十九。

極有可能是由於語言的因素，使得台灣地區的十二生肖故事，都附帶了提了鴨子一句。

中國有關十二生肖的故事相當多，流傳範圍亦相當廣泛，內容通常是屬於 AT 分類法中，以下的幾個類型：一一一 C*「鼠牛比大爭第一」、一二〇「動物比賽誰先見到日出」、二〇〇*「貓失排肖權，與鼠成世仇」、二〇〇**「鼠報錯時，致貓失排肖權」、二三五 A「動物借角拒歸還」。〔註 106〕外國容或有同類型的故事，但在中國的講法上，卻因為賦予它一種生肖文化的因子，因而成為中國所特有的故事。以下請再看這三則故事：

> 貓為什麼要方便時會去撥土？這是有一個故事的。據說以前狗會「展威」，貓會「脫骨」。展威就是把毛豎起來，膨脹自己，讓自己看起來比較大，遇到攻擊時，這表示「我很大，不要來攻擊我！」脫骨就是把骨頭脫掉，譬如說，半夜裡開車，「碰」一聲，把貓壓到了，停下車來看卻又不見貓，這就是貓被壓到時把骨頭脫掉，過後把骨頭接起來跑了。所以大家說貓有九條命。有一天，貓和狗相遇，狗對貓說：「我教你展威，你教我脫骨好不好？」貓答應了狗，狗就教貓怎樣展威。貓學會了展威，換牠教脫骨時卻跑掉了，不願教。於是狗放下狠話：「你不教我就跑掉，要是讓我捉到，連屎都讓你不能拉！」所以現在貓要方便時會去撥土，拉了屎都會用土蓋起來，再聞聞看有沒有氣味，以免被狗發現。〔註 107〕

> 從前有一隻貓，他看到老虎很威風，只要隨便一吼，就把所有的動物嚇得半死，所以他很羨慕，便去要求老虎教他這個絕招。老虎起初不答應，因為他怕貓學會了，反過來欺負他。後來在貓再三懇求的情況下，老虎才有條件的答應。老虎要求貓去找保證人，擔保他以後不亂用絕招才肯教他。所以貓去找狗當保證人，於是老虎才把絕招教給貓。誰知道貓學會絕招以後，就四處去嚇人，害得大家都很怕貓。老虎知道了很生氣，就去找貓算帳。但是貓會爬樹，他一看到老虎就跳到樹上去，讓老虎捉不到，所以老虎去找狗評理。可是狗一看到老虎，就跳到海裡去，讓老虎找不到他。老虎很生氣，

---

〔註 106〕蔡麗雲：《中國民間動物故事類型研究》，（台北文化大學中文所碩士論文，民國八十六年六月），頁一四〇。

〔註 107〕同註一〇四。頁一四九。

便說：「你們二個最好到死都不要被我捉到，不然讓你們好看！」就是這個緣故，所以死貓要吊在樹上，死狗要放水流，以避免老虎找他們的麻煩。〔註108〕

貓和老虎他們都屬於貓科，他們應該有些血緣，其中貓很靈巧，所以貓吃老鼠時，會先含住老鼠，慢慢把血吸掉，然後再把肉吃掉，所以牠的吃相並不恐怖，血液不會亂噴。相對地，老虎也有個本領，就是他很有威嚴，當牠抓動物時，就會施展威嚴，讓整個毛都豎起來，外表看起來很威猛的樣子。所以貓就很羨慕老虎的虎威，而老虎也很欣賞貓吸血的本領。所以有一天牠們聚在一起時，老虎就跟貓說：「貓弟弟啊！你教我吸血好不好，不然我每次東西時，血液都會亂噴很恐怖，這樣很不好看。」貓就說：「可以啊，那也請虎哥哥教我施展虎威的方法。」老虎就一口答應了，牠就先教貓如何施展虎威，所以現在貓遇到敵人時，尾巴就會翹起來，毛豎起來，以此威嚇著其他動物，這就是牠向老虎學的。當老虎教完貓之後，貓卻食言，一溜煙的跳到樹上，老虎沒辦法到樹上抓貓，於是牠很憤怒的對天發誓說：「好，你給我記住，以後被我逮著時，我一定讓你屍骨無存，並且連你的大小便都不留！」所以這就是現在貓為何大小便後一定會用沙蓋起來和老虎看到貓時，一定要把牠抓起來的原因。〔註109〕

這三則故事的情節不大一樣，但都是透過狗及老虎傳授貓工夫的故事，帶出古人對這些動物習性的觀察及處置死貓死狗的風俗。最後一則「鯨魚娶太太」的故事則是這樣子的：

在澎湖我們叫鯨魚「海尪」（台語），牠是海中最大的動物。傳說從前鯨魚要娶丁香做牠的太太，鯨魚娶太太的一事傳出去，大家都很驚訝，因為大家都沒想到牠會娶丁香這麼小的魚當太太，所以比目魚一聽了這件事，就笑得人仰馬翻，笑到嘴巴都歪了，所以現在比目魚的嘴都是歪一邊的。還有一種魚叫「紅眼眶」，這是澎湖的叫法，台灣叫「紅目鱸」，牠聽到這件事就很生氣的說：「這簡直是胡說八

〔註108〕姜佩君：《澎湖民間傳說》，（台北聖環出版社．民國八十七年六月），頁二一三。

〔註109〕同註九十八。

道！」因為牠很生氣，氣到眼睛都充血發紅了，所以現在「紅眼眶」的眼睛才會這樣紅。〔註110〕

這則故事的前半是屬於二五○A「歪嘴的比目魚」的類型故事。這則故事以奇特的想像力，讓海中體型最大的鯨魚去娶體型最小的丁香魚，使得比目魚笑歪了嘴，紅目鰱氣得眼睛都充血了，這顯然是由比目魚及鰱魚的生理特徵所編出來的故事。

澎湖的動物故事僅有以上的七則，這七則故事所共同顯示出來的特點是：（一）擬人化：故事中的動物都和人一樣，會說會跳、會食言、愛漂亮、有虛榮心。（二）具解釋性：在每一則故事的後面，都不忘提到：「這就是……的原因或由來。」由此可看出澎湖動物故事中，所蘊含的教育意義。

澎湖地區的動物故事不僅稀少，而且七則故事中，除了「鯨魚娶太太」有較明顯的地方色彩外，其餘六則都是中國地區很常見的故事，由此可以推測澎湖此地與動物的淵源並不深厚。其實不僅是澎湖的動物故事稀少，整個台灣地區的動物故事也不多見。施翠峰先生說：

> 筆者在民國六十四、五年間為完成日文著作「台灣的昔話」，曾將多年來採集的民譚加予整理時，發覺它們之中竟連一則動物譚也沒有而大感詫異，最初以為是自己採集不周而有所遺漏，只好翻閱過去國人或日人採集出版的同類書刊，但仍然未曾找到台灣的動物譚。雖然對此無法釋疑，但經過長久思考之後。我終於牽強地想到一件事情：台灣是一個民間故事非常豐富的地區，但童謠卻非常貧弱（現代音樂創作的不在此限），這一件事實，似乎與動物譚罕見有一脈相通之處。本來童謠是兒童將日常生活或一年之中的節令配合遊戲唱成的簡單的歌謠，可是，台灣的真正的童謠，卻僅僅配合押韻將一些簡單的句子或名詞編排而成，謠中不但句子不通，甚至於前後意思也沒法貫通，是一種非常單純的童謠之雛型。沒有好的童謠（由大人的作家作成的不在此限）及沒有好的動物譚，究其原因，也許可以用下面的理由加以解釋：台灣三百多年來的特殊的歷史背景與孤島的地理條件，使住民們較重現實的生活，因此人與動物的關係被忽視了。於是，人對動物的想像力，未曾被發揮在民譚之中，卻發揮在與實際生活有著直接關係的宗教神話或風水說之中。事實上，

〔註110〕同註九十八。

台灣的民間流傳的神話或有關名勝古蹟的傳說之中，動物往往扮演

了非常重要的角色。筆者相信這個事實可以做為解釋台灣的民譚之

中動物出現非常稀少之理由之一。〔註111〕

施先生所言不無道理。而澎湖的先天自然環境比之台灣更是艱困，農牧發展不易，因此缺乏動物故事，是可以理解的，但此地人民向來以海為田，日日與海洋搏鬥，魚類故事卻也如此稀少，實在令人不解。也許是生活的壓力實在過於沈重，使得此地的人民無暇為周遭的魚類、動物編造出動人的故事。金師榮華曾言：「民間故事是要等經濟環境，生活條件達到一定水準後，才有可能發生的。」觀之澎湖的例證的確有理。

　　澎湖的動物故事稀少，除此上述的原因之外，有一點也是不可忽略的。那便是動物故事一般被視為童話，講述對像是偏向年幼的兒童，是大人用來哄小孩的故事。而在澎湖採錄者，不是大學裡的教授、博士，便是大專院校的學生，講述者難免有不適合對這些人講述動物故事的心理障礙，再加上與採錄者生疏的關係，極有可能使講述者不好意思說出所知的動物故事。

〔註111〕施翠峰：《台灣民譚探源》，（台北漢光出版社‧民國七十七年二月），頁一七
　　　　　○。

# 第五章　澎湖人物傳說

## 第一節　蔡進士的傳說

### 一、生平

　　蔡進士名蔡廷蘭，為澎湖地區有史以來唯一的進士。澎湖民間對這唯一的進士，有許多饒富趣味的傳說，如：蔡家的風水、蔡進士的出生、命名、赴考、為官，乃至吞金而亡，都有許多不同的說法。以下將針對這些傳說，作一初步的簡介及探討。蔡進士的生平據《澎湖廳志》的記載：

> 蔡廷蘭，字香祖，學者稱秋園先生。父培華，別有傳。廷蘭幼穎異，五歲讀書倍常童，八歲能文，十三補弟子員，屢試輒冠其曹。旋食餼，名藉甚；澎之廉吏蔣鏞尤愛重之。……十四年，主講臺灣引心書院。越明年，鄉試罷歸，由金門遭颶風，船飄十晝夜，抵越南之思義府菜芹汛登岸，乃由陸返閩。途次與南國人士以詩相酬和，藉以採風問俗。行四閱月，歷萬餘里，因見聞所及成「海南雜著」一卷。……二十四年會試成進士，以知縣即用分發江西，年已四十有四矣。……（咸豐）九年三月十五日，在任病故，年五十有九。〔註1〕

以下據高啟進及陳耀明的研究，〔註2〕條列蔡進士簡歷於後，以利於和後文的

---

〔註1〕林豪：《澎湖廳志》，（台灣銀行經濟研究室‧民國五十二年六月），頁二三七。
〔註2〕高啟進：《西瀛人物誌》，（澎湖縣立文化中心‧民國八十八年六月），頁三〇。
　　　陳耀明：〈蔡廷蘭──澎湖唯一的進士〉，（《台灣風物》，民國六十八年十二月，二十九卷四期），頁十一。

傳說事蹟對照比較：

（一）嘉慶六年（一八○一年）：誕生於澎湖廳林投澳雙頭掛社。

（二）嘉慶十八年（一八一三年）十三歲：中秀才，有「七歲能文澎未有，十三入泮台稀聞」之稱。

（三）道光十二年（一八三二年）三十二歲：澎大饑，福建興泉永道周凱奉令勘賑，廷蘭賦〈請急賑歌〉謁見，大受稱讚。周瀕行贈詩二首，詩內有「海外英才今見之，知君始可與言詩」之句。並錄「讀書作文要訣」一卷，題名「香祖筆談」相贈。此是廷蘭求學階段中，功名出身的轉捩點。

（四）道光十五年（一八三五年）三十五歲：赴福州省城鄉試，回澎時，遭颱風飄抵越南，後經陸路返閩。回國後，就所見所聞及日記，撰成《海南雜著》。此書於道光十六年（西元一八三六年）編纂脫稿，內容分為〈滄溟紀險〉、〈炎荒紀程〉及〈越南紀略〉三篇，於是年孟秋刊印出版。

（五）道光十六年（一八三六年）三十六歲：被舉為丁酉科拔貢，並中第三十一名舉人。後任台灣崇文、引心書院及澎湖文石書院講席。

（六）道光二十三年（一八四三年）四十三歲：於進京赴考前，先往金門瓊林拜謁祖廟，並於「蔡氏宗祠」及「欽旌節孝坊」立碑文及柱聯。

（七）道光二十四年（一八四四年）四十四歲，進京會試，中式孫毓溎榜二百零九名，殿試為二甲六十一名，賜進士出身；隨後回鄉祭祖，並在雙頭掛舊宅旁建「進士第」；並赴媽祖廟後殿清風閣上掛「功庇斯文」匾。

（八）道光二十九年至咸豐九年（一八四九年至一八五九年）四十九至五十九歲：任江西峽江縣、豐城縣知縣、南昌水利同知等。

（九）咸豐九年（一八五九年）：卒於江西省任內，享年五十九歲。

（十）其生平著作計有：《香祖詩草》一卷、《愓園遺文》一卷、《愓園遺詩》四卷、《海南雜著》二卷、〔註3〕駢體文二卷、尺牘六卷，並佐蔣鏞通判輯刊《澎湖續編》，網羅故實，多出其手。〔註4〕

---

〔註3〕吳福助：《台灣漢語傳統文學書目》，（台北文津出版社，民國八十八年一月），頁五十七。

〔註4〕同註二。

## 二、相關傳說

### （一）風水

有關蔡家的風水傳說，總計有二則，其中一則是這麼說的：

蔡進士的爸爸很相信風水，有一天他從大陸請來一位風水師來指點風水，結果他們在興仁看見了一個好風水——七鶴穴，若是能將祖墳遷葬到此，後代必出七個大官。但這位風水師說：「這個地方是山神管轄的，不能隨便挖，若挖了，便會得罪祂，我的眼睛就會瞎掉。」蔡進士的爸爸就向他保證：「如果你的眼睛瞎了，我就照顧你一輩子。」果然，祖墳下葬後，風水師的眼睛便瞎了。所以從此這位風水師就住在蔡家，接受蔡家的照顧。起初，蔡家對他還不錯，但到後來，對他很苛薄，讓他吃的很不好，也沒有好臉色給他，所以風水師很不甘心，便決定要破壞蔡家的風水。他跟蔡進士的爸爸說：「祖墳下面很髒，要挖起來整理整理。」蔡家就真的去挖祖墳，結果一挖，居然有七隻鶴從墓裡飛出來，蔡進士的爸爸趕緊去抓，結果只抓到了一隻。所以後來蔡家只有一人能當官，那就是蔡進士。當初若是七隻都能抓到，就會出七個大官，可惜沒有。〔註5〕

蔡進士的祖父過世後，他的父親就請了一位地理師去找一塊地來埋葬他的祖父，結果地理師找到了一個白鶴穴。地理師說：「如果葬在這裏，以後你的子孫當官，最少可以當到宰相。」同時，地理師再三叮嚀：「你挖的時候一定要小心，因為這個穴有一定的尺寸，不可以挖太深或太淺。」然後他們看了一個日子，就開始挖地。剛開始挖的時候，墓穴有水冒出來，主人想：「水這麼多，若讓棺木碰到水，屍體就會變成殭屍，這樣葬下去會不好。」所以他就用石灰鋪在地下，可是這樣鋪下去地又變的太高，深度會不夠，所以只好挖的更深了。結果因為挖的太深，把穴挖破了，所以墓穴裡的白鶴就飛出來了。他家人一看：「這下子完了，穴破了！」於是趕快把棺木埋下去，結果十隻白鶴中，飛走了七隻，只埋進去三隻。因為只埋了三隻白鶴，所以他的子孫只能做到進士，若十隻白鶴全部都能埋下去

---

〔註5〕姜佩君：《澎湖民間傳說》，（台北聖環出版社‧民國八十七年六月），頁一二三。

的話，那麼他的子孫就有機會做到宰相。〔註6〕

這二則傳說所顯示出來的意義，無非是說明蔡家之所以會出「開澎進士」，是因為得了好風水之故，若無好風水之庇蔭，恐怕是出不了進士的。但實際上，若無蔡進士後天的力學苦讀，「進士」會憑空掉下來嗎？這些風水傳說，顯示出一般人只看結果，不看過程的通病，甚至是一種好逸惡勞的酸葡萄心理——要是我家也能得個好風水，子孫自然會中進士、當大官。至於後天的努力似乎不是那麼重要。在金門亦有類似的傳說，主角為萬曆二十三年（一五九五年）的金門進士蔡復一：

> 民間傳說蔡家治祖塋，聘請名勘輿家，師謂穴得真脈，彼將盲，約蔡家應終養之。後禮遇衰，輿師詐稱墳中有惡物，瀺瀺戲水聲約略可聞，命發掘之，忽有七隻白鶴沖天而飛，蓋穴為七鶴戲水之脈也。
>
> 時輿師心有所不忍，乃命急捕置壙中，匆促間，僅得其一，且眇一目跛一腳，乃產復一，故復一眇且瘸。〔註7〕

其實，不僅是風水，蔡進士生平的諸多傳說，差不多都可在金門找到類似說法，因此有關蔡進士與金門的淵源，將在文末一併討論，此處暫且略過。

## （二）出生及命名

有關蔡進士出生的種種傳說，可粗分為甲乙二類。甲類有七則，為主流說法，大意是說，蔡進士出生時，因有狗（豬、白衣人、火球、學生等）來撞門，方才出世，故其父以「撞門」為蔡進士的小名，及長，方取其諧音改為「崇文」：

> 蔡進士原本是拱北山的山神，奉命降生於興仁。所以其父蔡培華在兒子誕生時，夢見拱北山的山神化為一顆火球，由拱北山直滾入蔡家，撞門而入。在門被撞開的剎那，兒子誕生了，於是父親跟據夢中的異象，將兒子取名為「撞門」。長大後因不雅，方改為諧音「崇文」。〔註8〕

> 蔡進士的媽媽要生他時，痛了三天生不出來。以前不像現在有電燈，都是點燈火，夜裡的七、八小時則燈也不點的。夜裡不點燈，山神

---

〔註6〕蔡鴻獻先生於八十七年十一月一日興仁講述。徐翊倫、陳育津、范碩純、羅純霜採錄。未刊稿。

〔註7〕唐蕙韻：《金門民間傳說》（台北稻田出版社，民國八十六年三月），頁七十二。

〔註8〕同註五。頁一二五。

來投胎，找不到門進去，就用一隻母豬去撞門吃餿水。那時的門不堅固，一撞就開，蔡進士的爸爸出來看是怎麼一會事，他的妻子跟出來看，山神才能投胎出世。因為蔡進士出生時有母豬來撞門，所以他出世的名叫「蔡撞門」，「蔡崇文」的名字是後來改的。〔註9〕

至於乙類只有二則，二則的說法大致相同：

蔡進士家和前一戶人家的土地是雙龍穴，傳說會出二個賢人。在蔡進士未出生以前，前一戶人家生了一個孩子，這孩子很會讀書，但一直到七歲，都還沒有找老師來教他唸書。有一天，他到外地借書回來唸，在回來的途中被烏鴉追，小孩子小，心裡害怕，就一直跑一直跑，跑到家門口時，不小心踢到門檻跌倒，就吐血死了。隔年，蔡進士出生，出生時門外的狗、豬亂跑亂撞，於是用「撞門」的諧音取名為「崇文」，「崇文」的意思為保障文章。由於他很聰明，所以有人說他是文曲星轉世、也有人說他是那小孩轉世來的。〔註10〕

上述甲類的說法，可能是真有其事，也可能是出於後人穿鑿附會。傳統上，貴人出世總是有異兆的。所以李母夢太白金星而生李白；岳母夢大鵬鳥而誕岳飛；蘇軾一出世，家後的一座青山，一夕之間全部枯萎變黃，〔註11〕所以蔡父的夢火球或豬狗撞門的異象，不也是很正常的事，畢竟是澎湖唯一的進士要出世啊！至於乙類的說法，筆者以為不免顯得過於穿鑿附會，或許是基於對早慧孩童夭折的憐惜，也或許是對蔡進士優異的資質無法解釋，遂將二者關聯在一起，產生了這樣的說法。

## （三）幼年生活

關於蔡進士幼年生活的傳說甚少，只有二則，且為同一人講述，相較於其他時期的眾多傳說，不禁令人懷疑，蔡進士的幼年是否過的相當貧乏，甚至是乏善可陳呢？否則傳說何以如此之少！這二則傳說是這麼說的：

蔡進士年幼失怙，孤兒寡母相依為命，因此有些村人很瞧不起他們。

那一年，蔡進士五歲，穿著母親新買的草鞋，行經一堆建築用的泥

〔註9〕金榮華：《澎湖縣民間故事》，（台北中國口傳文學學會‧民國八十九年十月），頁三十七。

〔註10〕蔡善樹先生於民國八十七年十二月十三日馬公市興仁里講述。楊文傑、黃玉梅等採錄。未刊稿。

〔註11〕《蘇東坡傳奇》，（台北新潮社‧民國七十七年七月），頁十三。

沙，蔡進士便穿著新草鞋踐踏於泥沙中。旁人見而驚之，以為蔡進士精神有異，不然為何著新鞋踩踏於泥沙中？這時蔡進士在眾人訝異的眼光，說了一句話：「爛土有刺。」

當時無人了解其意，後來才有人體會到此話的深意：爛土雖為一堆不起眼的東西，但當你踐踏其上時，可能會因瞧不起它，而會被其中的刺刺到。亦即暗示村人：現在大家看不起他們母子，但怎知日後他們不會有所成就？後來蔡進士力學苦讀，成為澎湖唯一的進士。〔註12〕

話說某一年，七歲的蔡進士和一般孩童一樣，在海邊玩耍。蔡進士不經意的把撿到的盤子，拋向遠遠的海中。沒多久，有「王船」的人，託村中廟宇代為轉達：「有大人封倉，致使船上人民無法食用糧食。」問：「所謂的大人是何人？」答曰：「蔡廷蘭蔡大人。」於是村民請來年僅七歲的蔡進士，代為祭祀，然後於汪洋中撈起被丟棄的盤子，如此，方使王船中的人民不因封倉而絕糧。〔註13〕

關於第一則傳說，金門也有類似的記載，主角是明天啟二年（一六二二年）的金門進士陳刑科：

> 許會元做官的時候，金門人做的官屬他最大。他回到家來要蓋祠堂，調民兵村夫去給他做小工。陳刑科這時還小。有一天，陳刑科的父親經過許家祠堂的工地，就被叫進去做工，陳刑科學堂讀書回來，便去找他父親，父親正在夯土築牆，於是他走過去對他父親說：「您先回去吧，這裡換我來做。」說罷，穿著上學堂的棉鞋跳上還未完成的土牆去踩土。可是那築牆的土是和了糯米漿和糖水的黏土，必得赤腳踩才密實，穿了鞋子踩則牆築成後容易出現裂縫。這時許會元正在屋上躺著，看到一個孩子穿著鞋上牆去踩土，就大喊：「哎呀！你這小鬼，怎麼不脫鞋就在踩！」說著就站起來要去打陳刑科，陳刑科回答說：「我怕你這『爛土有刺』啊！」許會元聽了心中一驚，因為這句話語帶雙關，還兼含諷刺，覺得這小孩不是小可人物，就讓他回去了。陳刑科的意思是：建祠堂是你私人的事，怎麼可以因為做了官就任意叫百姓去做工。不要以為老實人好欺負，會有人反

〔註12〕同註五。頁一二九。
〔註13〕同註五。頁一三〇。

抗的，就像泥土雖爛，裡面也會有刺的。（原文略有刪節）〔註14〕

至於第二則有些神奇，但無非是強調，蔡進士未來出身的尊貴早有定數。因此雖然年幼，卻已是神鬼共欽，所以不經意的丟個盤子，都會變成「大人封倉」，得由年僅七歲的蔡進士代為祭祀，方可重新開倉。

### （四）赴考

關於蔡進士赴台灣或大陸考試的傳說甚多，以下依其內容，再細分為數類。

### 1、將父作馬

提到蔡進士「將父作馬」的傳說共有六則，此六則對事件發生的時間眾說紛紜，有說是六歲考秀才時；有說是十三歲赴台南應考時；有說是進文石書院就讀時，不論發生於何時，皆顯示出蔡進士幼年的才智即不同凡響。

> 蔡進士年少得志，十三歲即坐船赴府城（今台南）應試。由於一路上旅途勞頓，加上坐船顛簸，導致身體不適，所以便由父親揹他進考場。主考官看到了，就開玩笑的說：「將父做馬」。蔡進士聽了，馬上回了一句：「望子成龍」。〔註15〕

> 蔡進士從小就聰明。有一年，一位學官到台南主持考試，途經澎湖，……想趁此機會，挑幾位有潛力的學生進文石書院就讀。蔡進士的父親聽到這個消息，心想：「孩子能進書院讀書，一定比跟著我讀書好。」那時蔡進士還很小，所以父親就背著他去見學官。到的時候，人很多，學官抬頭一看：「喲！這麼小的孩子都來了。」就想試他的反應如何？於是指著他說：「子，役父做馬。」蔡進士一聽毫不猶豫的回答：「父，望子成龍」學官一聽，這孩子反應真好，就把他接到前面，命人幫他磨墨拉紙，點他進文石書院唸書。〔註16〕

同樣的，「將父作馬」的事件也發生在金門進士許獬的身上。故事是這麼說的：

> 許獬是明朝十分著名的經學家，福建金門人，他十二歲時去參加童

〔註14〕金榮華：《金門民間傳說》，（台北中國文化大學·民國八十六年三月），頁七十九。

〔註15〕同註五。頁一三二。

〔註16〕同註五。頁一二五。

子試，點名入場後見試場擁擠不堪，他年幼身矮，擠不進去，只好由父親背著擠了進去。主考官看了，脫口而出：「子以父為馬。」許父聽得滿臉通紅，十分不好意思，但背上的許獅卻立即反擊道：「父望子成龍。」意思是說，即使把父親當馬騎，但父親望子成龍，也不會在意的。〔註17〕

## 2、反填三代

提到蔡進士「反填三代」的傳說相當多，有數十則。所謂的「反填三代」是說蔡進士考中進士後，要填祖宗三代的資料（家譜），填的次序應該是由祖父、父親而後自己，但蔡進士卻由己身開始填起，然後才填父親、祖父，因此觸怒了皇上，將他由狀元貶為進士。

蔡進士十三歲那年，進京去考試，他的老師陪他去他考，結果考中狀元。但是因為填祖先的順序填顛倒了，皇上認為他背祖，因此下令要將他處斬。他的老師便向皇上保奏……於是皇上便將他貶為進士。〔註18〕

後來他考進士的時候，因將家譜的順序填反，所以皇上很生氣的說：「以後做了官，是不是也將君臣的關係弄反？那我這皇帝算什麼！」說完便下令將他斬首。幸好當時的閩南官員，基於同鄉的情形下，極力的為他說情，使得他免於一死。〔註19〕

或許是蔡進士背負了太多的鄉親期望，因此當他只考中「進士」而不是眾所期盼的「狀元」時，種種為他開脫、辯解的說法就由此產生了。除了主流說法說他「三代填反」外，其他說法還有：面聖時「位置站錯」、交卷時「試卷放顛倒」……等。這些說法雖然不同，但表達的思想卻是一致的，那就是：蔡進士其實是考中狀元的，只是因為不小心犯了錯，觸怒了皇帝，才被貶為進士的。

### 3、機智應對

前項「三代填反」的傳說中，部分說法曾提到，蔡進士是因為坐船暈船或坐船遲到，所以心裡急，才會把三代填相反。而這項「巧對」，則直說蔡進

〔註17〕《巧聯絕對》，（將門文物出版社・民國八十年十二八十三月），頁八十三。
〔註18〕同註五。頁一三六。
〔註19〕同註五。頁一三九。

士因為遲到，進不了考場，但由於他敏捷的應對，使得主考官對他大為讚賞，特別允許他入場應試：

> 蔡進士很聰明。有一次，他去考場考試遲到了，還搖搖擺擺、慢吞吞地去敲考場的門。主考官不讓他進去，他說：「狂風吹稻冇如先。」「冇」是空心、不成熟的稻子，風一吹就跑了。意思是說，現在已經進去的人，都有沒有才學沒有用的，我這個留在後面還沒進去的，才是有才學、有用的。主考官一聽，說得真好，就讓他進去了。蔡進士進去後，大家的試卷都寫得差不多了，主考官就另外出一題考他們，要他們在一張紙上寫三千字。有個江西人，雙手都會寫字，一聽便說：「三千字，來不及了，來不及了！」蔡進士看別人都在拼命地寫，一張紙不夠，還要再拿，就拿起筆寫下：「一筆化三千」五字。主考官一看，便說：「通過！」。〔註20〕

> 相傳蔡崇文進京趕考時，因為路途遙遠而耽誤了考試時間，等趕到時，考場大門已經關了。這時主考官說：「時間已過，你不能進去，除非你能對我出的詩。」主考官說：「江西一片鐵。」蔡崇文對：「福建火爐熱。」主考官說：「真金不怕火。」蔡崇文對：「見火便消失。」主考官見蔡崇文對答如流，就允許蔡崇文進入應考，後來他就高中進士。〔註21〕

> 當蔡進士赴江西上任時，民風強悍的老百姓對著蔡喊著：「江西一片鐵」，蔡回答：「福建火爐烈」，對方又以「真金不怕火」來反詰，蔡應之：「見火便消失」，民眾驚其文才始接納他。〔註22〕

故事雖然有趣，但絕非事實。類似的事情不僅發生在蔡進士身上，彰化、金門皆曾採錄到類似的故事。金門的一則是這麼說的：

> 那一年，福建省和江西省的才子都赴京考試，他們兩人的文筆相當，主考官不知錄取誰才好，十分為難，所以就面奏皇上。皇上說，那麼讓他們每人各寫三千字比賽，誰寫得又快又漂亮就錄取誰。江西才子能雙手同時寫字，且都寫得很好，福建才子則祇有右手會寫。

---

〔註20〕同註九，頁四十二。
〔註21〕蔡宗正先生於八十七年十二月十日西嶼鄉竹灣講述。陳振義、陳家駿等採錄。未刊稿。
〔註22〕同註二。頁五十四。

皇上這麼一說，福建才子必輸無疑，他的老師為此愁眉不展。後來，他忽然想到了《三字經》裡有「畫三千」的句子，告訴他的學生說，快寫「一筆畫三千」，於是福建才子就寫了這五個呈上交了卷。江西才子好不容易寫了三千個字呈上去，皇上一看，一邊寫了三千個字，一邊祇寫了五個字，這要如何評定？這時，福建才子的老師向皇上進言：「福建才子比較聰明。您說要用毛筆寫三千字，他就一筆畫三千。表示這人做事快捷，有判斷力。」皇上一想，這也有理，就決定福建才子為第一名狀元。（原文略有刪節）〔註23〕

彰化的二則，是這麼說的：

（前文敘述「一筆化三千」之事，略）福建的進士中狀元之後就去遊街，結果這個落選的江西進士非常不甘心，就跑去鬧場，他躺在路上不讓福建進士通過，說：「看你敢不敢踩我？要讓你過很容易，現在我出對子讓你對，除非你對得上，否則你從這裡過去。」於是他就出了一句「江西一遍鐵」，福建進士馬上對一句「福建火爐穴」；他又出了一句：「真金不怕火」，福建的進士回說：「見火便消失」。「要走你就走，不走我就從你身上踩過去。」這次的比試，江西進士又輸給福建進士了。〔註24〕

（前文敘述「一筆化三千」之事，略）這個新狀元——福建人太過得意忘形以為了不起，他寫了一支大旗，拿去遊街。上面寫著「一筆打天下」，而那一個江西人，看了很生氣，於是在他的旗子上寫：「江西一遍鐵」，福建人想鐵是硬的，於是他又寫另一支旗子，寫道：「福建火爐烈」江西人一看，心想：「鐵是怕火的哦！」於是又寫另一支旗子，道：「真金不怕火」福建人馬上又寫道：「見火便消失」。兩人你來我往，勢均力敵，但後來似乎都是這個福建人佔上風。〔註25〕

或許早期江西及福建的人民，曾經有過過節，所以才有這些傳說產生。而正巧蔡進士高中後，便一直在江西為官，正符合了故事中「江西一片鐵」的地

〔註23〕金榮華：《金門民間傳說》，（台北中國文化大學‧民國八十六年三月），頁一五三。

〔註24〕胡萬川：《彰化縣民間文學集‧故事篇三》，（彰化縣立文化中心‧民國八十五年五月），頁二三。

〔註25〕胡萬川：《彰化縣民間文學集‧故事篇二》，（彰化縣立文心‧民國八十五年五月），頁十一。

緣關係，所以這些傳說便附會在蔡進士的身上，一方面顯示蔡進士的機智，一方面說明蔡進士的確是憑其真才實學折服江西百姓的。有關蔡進士「機智應對」的諸多傳說中，以下這幾則，都和澎湖的地名有關，相較於前面的其他傳說，這幾則，應該真的是他所獨有的，而不是片斷的移植自他人的傳說。

> 皇帝又再問他說：「你是澎湖人，那麼澎湖的地理你知不知道」他
> 就回答說：「我們澎湖的地理真的非常漂亮。」皇帝說：「怎麼個漂
> 亮法？」他就唸給皇帝聽。他說：「澎湖：內垵外探花，四角桶盤
> 捧金雞，貓來挽門，虎離屈鳥善，我本人是竹篙橫礁雙頭掛的人。」
> 〔註 26〕

另一則大同小異的故事，「地名詩」則是這麼說的：

> 竹篙、橫礁、雙頭掛。
> 四角、桶盤、捧金雞。
> 香爐、鼓架、龍門出聖旨。
> 籤筒、筆架、林投掛金鞍。
> 東安、塭仔、懷玉璽。
> 菜園、南塭、配相印。〔註 27〕

這些詩用台語念都是押韻的，其中的「林投掛金鞍」、「懷玉璽」、「配相印」的句意不明，但由「龍門出聖旨」這句推測，這幾句詩應當都與「澎湖出皇帝」的傳說有關。在筆者採錄的過程中，曾有一些老者表示，澎湖地區的主要地名、島嶼，可以用一首詩把它連綴起來，但因年紀大了，所以只能記得其中幾句，如：「頂台不出山」、「白馬不掛鞍」、「良文出聖旨」、「竹篙橫礁雙頭掛」等等。據說這些詩句，都是蔡進士做的。不過就筆者的看法，以為這些詩句不大可能是蔡進士做的，因為若是蔡進士做的，應該可以在相關的文獻資料上找到類似的記載，但實際上是沒有的。所以筆者以為，這些詩句應該是早期移民隨口編出來的順口溜。會被誤認為蔡進士所做的原因，第一，應該是蔡進士的名氣實在太大，所以大家就錦上添花的說這些詩句是他做的。第二，可能是因為他做了一首「澎湖八景詩」：

> 奎壁雙輝列宿聯，天臺遠眺擬遊仙。
> 香爐起霧靈霄達，西嶼落霞映水妍。

---

〔註 26〕劉大先生於八十七年十二月十三日龍門講述。王祥霖、張詩紋採錄。未刊稿。
〔註 27〕同註二。頁五十二。

夜靜龍門聽鼓浪，秋高虎井看澄淵。

案山漁火如星斗，太武樵歌叶管弦。〔註28〕

這首詩介紹了澎湖各地的風景名勝，所以連帶的使後人以為澎湖的「地名詩」也是他做的。但對照二詩，詩風明顯不同，是不可能出自同一人之手。不過這些「地名詩」有可能經過蔡進士的潤飾整理，他把這些流傳民間的零散詩句，加以修飾綴合在一起，使之成為押韻順口的詩句。有關蔡進士的「地名」傳說，以下這則是很有趣的：

> 澎湖各島嶼的名稱都是蔡進士取的。他十三歲去考試，主考官問他澎湖島嶼的名稱，那時澎湖很多地方的地名都還沒取，所以他就隨口說一說，什麼虎井、桶盤……所有的地名是他取的。最有趣的是他像仙一樣，幾百年前還沒有跨海大橋的時候，他就知道要把地名取作通梁、長岸、橫礁、雙頭掛、合界了。〔註29〕

這則故事的意思是說，蔡進士他當年未卜先知，知道未來白沙及西嶼會「通」一座橋「梁」（即今之跨海大橋），橋會「橫」「掛」在二島的中間，使二島的地「界」「合」其來了，所以事先便作了這樣的命名。在這則傳說中，蔡進士根本被神化了，但卻可以看出澎湖民眾對蔡進士的推崇及尊敬。關於蔡進士機智應對的傳說，還有一則敘述蔡進士中考後，在北京巧遇太子的事：

> 蔡進士考中進士之後，因一時沒有任官，就留在北京。當時的太子，有一次在皇城中閒逛時，聽到讀書聲，心想考期已過，還有誰在這麼認真念書，一看原來是蔡進士，心中便很中意他，就想趁機考考他。於是太子便說：「我手上有一隻寶扇，你知道我要給你？還是不要給你？」，蔡進士一聽，這分明是在考我嘛！他也不知道來者是太子，正好他坐在門檻上，便說：「你知道我要進去？還是不要進去？」太子一聽非常佩服，便將玉扇遞給他。沒想到這扇子是很貴氣的，蔡進士一不留神，就將它摔到地上折損了，這時他才知道這個人是太子，太子的東西他拿不起。〔註30〕

---

〔註28〕 此詩《澎湖廳志》未載，民間相傳為蔡進士所做，今人蔡平立認為此詩的確為蔡進士所做無疑。見蔡平立：《增定新編澎湖通史》、《馬公市志》。但莊東則以為此詩為光緒年間的秀才許晉纓所做。見莊東：《澎湖縣志·文化志》。

〔註29〕 高泉慶先生於八十七年七月二十七日馬公城隍廟講述。陳勁榛、鄭慈宏採錄。未刊稿。

〔註30〕 歐陽願先生八十五年一月二十三日於馬公天后宮講述。曾雅卿、郭玉玲等採錄。未刊稿。

這段蔡進士與太子的問答，是屬於「巧媳婦」類型的民間故事。據丁乃通《中國民間故事類型索引》編號第八七六號「聰明姑娘和求婚者」的說明〔註31〕，此類型故事，雙方的問答通常是這樣子的：

　　男人（一只腳在馬蹬子上）：「我要上馬去還是下馬來？」

　　姑娘（跨在門檻上）：「我是進屋去還是出屋來？」

　　男：「今天你父親的薅草耙糧地多少次？」

　　姑娘：「今天你的馬走了多少步？」

　　男：「我是要吐唾沫還是要咽唾沫？」

　　姑娘：「我是要拉屎還是要撒尿？」

這類故事，通常是藉由回答難解的問題，突出其中一方的機智，是民間常見的機智故事類型。

### 4、異象

這裡所謂的「異象」是指一些不尋常或奇怪的事。據說，在蔡進士前往大陸參加科考的這段時間，在澎湖本島、家中、渡海時，都曾發生過一些「異象」。首先是發生在澎湖的空前大旱災：

　　蔡進士是雙頭掛的人。傳說他是太武山山神轉世的。他到北京考試，發生錯誤，把三代祖先寫反，在以前這是有罪的。主考官同情他說：「他從澎湖這麼遠來考試，要是這樣子就判他有罪，以後誰敢來考試？」這樣他才成了一般進士，不然他是狀元。他做官的時候，澎湖旱災十三年。他十三歲中狀元，澎湖缺水十三年，這叫「奇禍」。

　　〔註32〕

　　聽說蔡進士在去應考的前七年，澎湖連續七年沒下雨，農作物一點收成也沒有，百姓們個個叫苦連天。一般的說法是：澎湖這個地方福氣比較薄，容納不了一個進士，所以把澎湖七年的福氣集中在他的身上。〔註33〕

澎湖由於地形關係，雨量稀少、日照強烈，自古便是很容易發生旱災的地方。直到今日，即使有水庫調節，每逢夏季，往往還是需由台灣運水補給，因此

---

〔註31〕丁乃通：《中國民間故事類型索引》，（北京中國文藝出版社‧一九八六年七月），頁五一三。

〔註32〕同註九。頁四十二。

〔註33〕同註五。頁一三四。

澎湖發生旱災不稀奇，但是否真的曾經連續七年，甚至十三年不下雨，就很值得商榷了。因此筆者以為所謂的「連續七年不下雨」應該是「發生七年旱災」或「缺水七年」的誇大之辭，若是如此，倒是可以相信的。在他的傳中有這樣的記載：

> 道光十二年，澎湖飢，興泉永道周凱奉檄勘賑，廷蘭賦詩以進，備陳災黎窮困狀。凱大加稱賞，瀕行贈以詩，有「海外英才今見之，知君始可與言詩」之句。因手錄讀書作文要訣一卷授之，題曰「香祖筆談」。時凱方以詩古文詞倡導閩南學者，廷蘭以海島諸生，為所器重；於是臺郡當道名流，如熊介臣、周潤東、姚石甫、劉次白諸公，莫不知澎湖有蔡生矣。〔註34〕

或許由於此次的飢荒，使得蔡進士聲名大噪，經後人的誇大渲染，遂有這種傳說產生。不過從時間上來說，蔡進士是道光二十四年中的進士，而飢荒發生在道光十二年，二件事相隔十二年之久，那時他還只是個秀才，實在不應把這個帳記在他的頭上。不過若秉承澎湖人的一貫看法，把蔡進士的中舉視為「命中註定」的話，則蔡進士「七歲能文」、「十三歲中秀才」，故澎湖發生七年或十三年的旱災，似乎也是理所當然之事。另一個發生在澎湖地方上的異象是：

> 蔡進士十三歲考取進士，澎湖「壞年冬」十三年，西嶼陷了一塊。
> 〔註35〕

提到澎湖因為出進士以致鬧旱災的說法甚多，但提到「西嶼陷一大塊」的，這是唯一的一則。但有另一則傳說提到：

> 西嶼頭的乾仔尾（音），因為有石頭在那裡，所以水流很急。蔡進士當官經過那裡的時候，海神要去朝拜他，驚動起一大片水波，船因此動盪不已，蔡進士手下的祕書要進士說：「免拜！」蔡進士依言而行，風浪果然變小了。但經過剛才那陣大浪，西嶼那一大片石頭就倒了，二棵珊瑚也變沒了。〔註36〕

或許這個傳說，可以為上述說法做個註腳。但這個傳說，也不是蔡進士獨有

---

〔註34〕同註一。
〔註35〕同註五。頁一三六。
〔註36〕蔡順天先生於八十六年七月二十八日東衛講錄。羅賢淑、陳蕙如等採錄。未刊稿。

的，傳說清初順治皇帝微服出巡時，亦發生類似的事情，當時的情況是：「當朝天子過江，四海龍王來朝，故有風浪之險。」幸好得玉琳大師的提醒，在船上掛出「免朝」的牌子，才免除一場水難。〔註37〕只不過，四海龍王向真命天子朝拜，在情理上是說得過去的，但若連小小的一名進士，也要出來朝拜，未免也太小看了海神的神格吧！但也由此可知，蔡進士在人民心中的份量的確是無可比擬的。此外，在他赴考的過程中，在渡海及家中也發生了異象：

> （蔡進士）在還沒到大陸之前，家中有母雞啼，大家說母雞啼是不好的事情，但是他的母親卻說這是一個好兆頭，她說：「母雞啼，公雞聲，我兒子去了中狀元」……後來他就考上了進士。〔註38〕

> 這年，蔡進士乘著帆船，遠渡重洋的前往北京趕考。然而半途不幸遇上了狂風暴雨，小船禁不起風浪的侵襲，即將沈入水中。此時，蔡進士的母親忽然聽到：「趕快救蔡進士，勿使其命喪大海。」的話。頓時，狂風暴雨忽然都停了，蔡進士便因此倖免於難。〔註39〕

第二則故事的情節，在「蔡端造橋」的傳說中，也可以看到：

> 這天，蔡端的母親懷著身孕坐船過江。上船沒多久，江上的妖怪便興起大風大浪作怪。就在船快要沈沒的時候，天上忽然傳來：「蔡狀元在此，豈容你們作怪？」的聲音。頓時江上變的風平浪靜，船就平安過了江。〔註40〕

由此可見民間故事在情節上的移用。上述這些「異象」，無非是暗示著，蔡進士的高中是冥冥中早就註定好的，因此赴考時，家中會有母雞啼、渡海遇難時有神明庇佑。

### （五）為官及死亡

蔡進士高中後即被分發至江西任官，在為官期間，大致做了以下幾件事：一、辦案。二、除農害。三、治水。以下分別述之。

#### 1、辦案

依據手邊的故事來看，蔡進士為官期間，總共辦了三件案子，第一件是

---

〔註37〕星雲法師：《玉琳國師》，（高雄佛光出版社·民國八十八年七月），頁一四五。
〔註38〕陳順笑女士於八十七年十一月十二日 裡講述。陳美慧、楊雅如等採錄。未刊稿。
〔註39〕同註五。頁一三三。
〔註40〕同前註。頁一七九。

有關古墓殭屍的案子：

> 有一次，有一位婦人去作客，在回家的半途上想要小解，於是便蹲
> 在一個墳墓旁小解，忽然一件褲子就被人脫下來，她一看，竟然是
> 個殭屍，馬上拔腿就跑。回家後她不敢說這件事。到了半夜，有人
> 來叫門，她想可能是殭屍找上門了，就叫丈夫不要去開門，但丈夫
> 不聽，以為那個人是他老婆的姘夫，結果門一打開，頭就被砍斷了。
>
> 後來有人去告官，蔡進士就找她去問話，她就將事情一五一十說出
> 來。於是蔡進士就選了一個日子，到墓地那裡擺一張桌子，把當官
> 的信物、劍、印、筆……等，全部放在桌上，然後叫「土公仔」把
> 墓挖開。結果有一個殭屍從裡面跳出來，蔡進士連忙唸了一些詩經
> 什麼經的，都沒有用，情急之下，就把桌上的東西往殭屍的身上丟，
> 丟到最後只剩下印章，他就拿起印章往殭屍的頭上蓋，一蓋，殭屍
> 便倒在地上。然後蔡進士走到墳墓一看，裡面有一件褲子及那男人
> 的頭。〔註41〕

關於這個案子，總計採集到五則大同小異的說法，其中三則還提到蔡進士便
是因此事而亡的：

> 事後蔡進士偕同宰相一起去檢視殭屍，結果證實殭屍的確是宰相的
> 哥哥沒錯，宰相因此便心存怨恨。皇上知道此事，便下令要蔡進士
> 進京準備升官。但是聖旨卻被宰相掉了包，上面寫著「早來早死，
> 晚來晚死，不來都不會死。」蔡進士當時只有十四歲，看到後很害
> 怕，於是便吞金自盡。〔註42〕
>
> 當蔡進士得知轄區出現殭屍後，就趁著夜晚去調查，結果當他調查
> 時，突然墓地裡冒出一個鬼頭，結果蔡進士就被嚇死了。〔註43〕

第二個案子，目前只採集到一則，敘述蔡進士為孝媳洗脫殺害公公的罪
嫌。

> 有個農家的媳婦賢慧又孝順。有一天因體恤公公耕作的辛勞，特地

---

〔註41〕蔡登壁先生於八十七年十一月一日興仁里講述，徐翊倫、陳育津等採錄。未
　　　　刊稿。
〔註42〕同註五。頁一一八。
〔註43〕楊有用先生於八十七年十一月二十九日合界講述。何銘偉、黃則揚等採錄。
　　　　未刊稿。

做了一道補品送到田裡給公公食用。然而，公公在食用後竟然死了。婆婆相當不諒解，一口咬定是媳婦在補品中下毒，並告到官府那裡。偵辦的縣官只根據媳婦描述的過程，便判定她是兇手，但媳婦不甘被冤枉，於是找蔡進士重審，這已經是第三次重審。

當媳婦將整個案情經過闡述一遍後，蔡進士靈機一動，馬上要求她再如法泡製補品，並送到田裡的同一地方，隨後又派人監視。結果令人吃驚的事情發生了，一隻如草鞋般大的蜈蚣緩緩的爬進補品，在一旁監視的手下恍然大悟，立刻上前活捉蜈蚣歸案，這才洗刷了媳婦的冤屈。〔註44〕

至於第三件案件，因原文頗長，茲節錄大意如下：

江西有一個富翁狀告一個窮轎夫偷他的香味。富翁說：「這個轎夫每到我們家燒飯煮菜時，就站在香味集中的地方，偷聞我們家的香味來開他的脾胃。」轎夫答：「老爺在上，我偷他的香味是真的，這是因為我住的小房子，離他的府第不遠，他的廚房恰靠在路旁，有一次我從那裡經過，聽到他家傳來打罵聲、哭泣聲，於是我就走近牆邊看。原來被打的他家的婢女，她和我是青梅竹馬，原本約定好長大後要嫁我，但是她父親跟富翁借了八個銀元，不到三年，利上加利富翁要他們還三十五個銀元，她父親沒有錢還他，於是富翁就把她女兒捉去做女婢。自從她被打那一天起，我便常常到這個廚房來探望她，並不專為偷他家的香味。」聽完二人的說詞，蔡進士說：「事件經過我已經知道了，我判決轎夫有罪，應當賠償富翁五百銀元，明日在大堂上當面點交銀兩。」翌日，蔡進士命衙役備銀元五百個放在大堂上，又在牆壁上懸一面大鏡子，蔡進士指著鏡中的銀子對富翁說：「今天本府已替轎夫準備了銀元五佰個，你點收吧！」富翁說：「鏡中的銀子怎樣點收呢？」蔡進士拍案說：「他嗅你的香味，並不是實物，那麼他賠償你的銀元，自然也不能是實物，不是嗎？這不是最公平的判案？」「另外，這婢女父親所欠你的錢，以官利計算，合計十二個銀元，由本府代為償還，你須在三日內，把婢女帶來交還本府。」說罷又對轎夫

---

〔註44〕蔡洪秀儉女士於八十七年六月十日興仁講述。蔡明珠、蔡瑜珍等採錄。未刊稿。

說：「三日內你可以到本府領你的未婚妻去。退堂！」於是轎夫歡
天喜地的回去了。〔註45〕

這則故事其實是民間很常見的「偷香味」的故事，附會在蔡進士的身上，不
僅顯示出蔡進士的機智更顯示出他愛民如子的胸懷。

### 2、除農害

提到蔡進士為民除農害的故事有二則，內容都相當有趣：

蔡進士在安徽做省長的時候，安徽鬧水災，把湖裡、溪裡的蝦子都
沖到田裡去了，因此稻子的根都被蝦子吃掉。可是安徽人不知道那
是蝦子，說是田裡出了很多水蟲，把稻子都吃掉了，要政府想辦法。
蔡進士去看了以後說：「這種水蟲我們澎湖叫大角蝦，可以吃的。」
並且叫廚房拿來用鹽水煮，用油炒，做了好多樣菜，親自請人家去
吃，自己也吃。大家覺得很好吃，就把田裡的蝦子都抓光了。皇帝
也因此把他升了官。〔註46〕

有一回，山西百姓向蔡進士告狀說，山西出現了一些海怪，專門吃
百姓的農作物，蔡進士知道後就去調查，結果發現這些海怪其實是
「蠔」，是澎湖海產的一種。第二天他就請百姓準備一些油鍋和刀等
殺妖怪的器具，等蠔爬出來吃農作物時，就叫百姓們把那些蠔抓起
來，然後放進油鍋裡去炸，炸好了再分給大家吃。大家吃了才知道
原來「蠔」不是妖怪，是一種海產，而且很好吃。從此百姓都覺得
蔡進士很厲害，能殺妖怪。〔註47〕

筆者推測這二則故事的由來，或許是由於蔡進士出身於窮鄉僻壤的澎湖，因
此出仕後，相較於來自大陸富庶省分、或名門世家的官員，難免或多或少的
遭受同僚的譏諷或開玩笑；也或許是早年澎湖人民與大陸人民接觸的過程中
受到了輕視，因此在不服輸的心裡下，編造出這些故事來嘲笑那些內陸省分
的人沒見識，藉此告訴大家，澎湖雖然窮、雖然遠，但還是有你們沒有的東
西，知道你們不知道的事，你們千萬不要瞧不起澎湖人喲！

---

〔註45〕〈蔡進士的故事〉，（澎湖《西瀛之聲》，民國六十五年十二月，第二期），頁
七十五。
〔註46〕同註九。頁四十一。
〔註47〕蔡春正先生八十七年十一月八日於興仁講述。楊惠雅、蔡旭倫等採錄。未刊
稿。

### 3、治水與吞金而亡

治水大概是蔡進士為官期間，最主要的政績了，有十數則故事，都提到他築堤治水的事，但也往往連帶的說他因為沒將帳目處理好，以至於吞金自殺：

> 有人說蔡進士是吞金死的，其實不是。據說是在他做官時，接手的堤防修復工程，因為不再崩塌，所以每年都會有剩的公款，但師爺並沒有確實的報帳。直至春節，大家回家過節，府裡沒什麼人，蔡進士無聊去翻翻帳本，才發現帳本有錯，便調師爺前來詢問：「餘款為何沒有報銷，錢到哪去了？」這時才得知，餘款的一部分被師爺吃了，一部分進了庫房，一部分卻進了自己的口袋。蔡進士聽了，氣得吐血，就這樣抱病而終，只活了四十多歲。〔註48〕

> 當時在江西一帶，有一條很長的河川時常崩塌氾濫，朝廷每年都撥下一筆金額來整修這條河川，可是自從蔡進士上任以來，那條河川就不再崩塌過了，自然朝庭所撥下來的款項，也就剩下來了，但是當時，蔡進士並沒有將此事報上朝庭，而有一天，當朝庭派人來調查此事，他心急一慌就吞下金子自殺身亡。〔註49〕

這些傳說中雖然提到，蔡進士在經手的金錢上，沒有處理得很好，但對他本人大多還是持正面看法，認為他實際上是清廉的，只是受到師爺的拖累，才逼得他吞金自殺。但也有少部份從負面的角度，來說這件事：

> 蔡進士當官後被派到江西去。江西往常是年年有水災，中央都會撥款下來治水賑災。他去了之後沒有水災，治水賑災的錢便被他吞了。有人說是師爺和他太太私吞，拖累到他。後來上頭派人來查帳，他就詐死回鄉了。也有人說是人先潛回，棺材裝的都是黃金。〔註50〕

> 江西這地方旁邊是長江，每年有水患，所以北京每年都有一筆賑災的款項撥到那裡去。蔡進士在江西當了三年官，蠻正直的，老天很疼他，三年都沒有水患。那個江西師爺歪心肝，建議蔡進士把這三年賑災的錢分一分吃掉。蔡進士不敢，師爺就把錢自己全部吞掉，還造了一個理由向北京報銷。蔡進士知道後很慌，這時有聖旨到了，

---

〔註48〕蔡善述先生於八十七年十一月十日與仁講述謝倉洲、羅文傑等採錄。未刊稿。
〔註49〕同註三十六。
〔註50〕同註九。頁四十五。

這個聖旨是來褒揚他的，但他以為東窗事發，心想，自己雖然沒有吃錢，可是師爺吃了和他吃是一樣的，因此就吞金箔自殺了。〔註51〕

有關蔡進士的治水，據《澎湖廳志》的記載：

> 二十四年會試成進士，以知縣即用分發江西，年已四十有四矣。二十九年四月，補峽江縣。六年九月，委署豐城縣。遭江水暴漲隄壞，捐廉二千七百兩，僱夫修築張家嘴、羅家角隄岸。又出貲，募人撈拾屍首數百，安插難民。……九年三月十五日，在任病故，年五十有九。〔註52〕

由這段記載，顯見蔡進士治水確有其事，而且是德澤百姓的大功德，在任病故則是二年後的事。傳說和事實顯然不符，但何以此項德政會衍生出這些傳說？是否真有其事，則尚待進一步考證。

蔡進士死因的主流說法，雖是前述的吞金而亡，但為何事吞金的？說法則有：「案子辦不出來」、「賑災的庫銀被劫」、「賑災的錢被師爺或自己私吞」、「受宰相誣陷」等數種。其他還有：「被錢嚇死」、「被鬼嚇死」、「氣的吐血」等說法。對照其他傳說中，澎湖百姓說對蔡進士的推崇，這些死因實在是不很光彩，不禁使人懷疑：為什麼有這些說法？這些說法到底是怎麼來的？莫非蔡進士晚年行事真有若干瑕疵，以致落人話柄？只是《澎湖廳志》在「為賢者諱」的心態下，故意略過了此事不提，也未可知。在這許多不同的說法中，還有一則很奇特的說法，說他是因為太后開金口而落海死亡的：

> 蔡進士人雖聰明卻長得醜，考中後給皇后把脈，因為長得醜，不敢正面看皇后，就跪在地上背對皇后把脈。皇后說：「你轉過頭來。」蔡進士不肯轉頭，祇把紗帽轉過去，人還是背對皇后。皇后很不高興，罵他「夭壽」。因為皇后開了金口，所以蔡進士考中後還鄉，途中就翻船落海死了。〔註53〕

顯然的，這個說法完全不符合史實，但卻顯示出澎湖民眾樂於談論蔡進士的種種，至於真假，則隨他去吧！在蔡進士官期間，尚有一則小故事，也饒富趣味，錄之於後：

> 後來他被派到某地當官，卻因為思念家鄉而無法處理公事，使得民

---

〔註51〕同註九。頁四十。
〔註52〕同註一。
〔註53〕同註十八。頁四十二。

怨四起。於是他夫人便做了「金瓜炒米粉」這道澎湖的家常菜來為他解鄉愁，使得蔡進士重新振作，適時的化解民怨。從此這道菜就傳開了，「金瓜炒米粉」成為澎湖最有名的菜。〔註54〕

### （六）澎湖出皇帝

澎湖民間向有一個傳說，說是由於澎湖地理風水特佳，所以將會出一位皇帝。但這個會出皇帝的好風水，卻被蔡進士破壞了，以致澎湖出不了皇帝。這個故事是這麼說的：

> 蔡進士在江西當官的時候，每天都會面向東方為澎湖祈福。有一天他發現澎湖的龍門有一股瑞氣，知道龍門這裡將會出現一位真命天子，當他發現這股瑞氣時，蔡進士暗想：「這樣子不行！澎湖，不過出我這個小小進士，便澎湖帶給十三年的災難，那如果出一位真命天子，那澎湖不就完了嗎？」因為蔡進士的惻隱之心，不忍讓澎湖受這麼多的災難，就每天向上蒼祈禱，希望真命天子不要出世。由於蔡進士真誠的祈禱，據說真命天子雖然有出世，但出世不久就夭折了。〔註55〕

民謠「鳳陽花鼓」中有一段歌詞是這麼說的：「說鳳陽，道鳳陽，鳳陽本是個好地方，自從出了個朱皇帝，十年倒有九年荒。」皇帝是人間的至尊，因此民間一般認為一個貴人（特別是皇帝）的產生，往往會吸走當地的地靈之氣，導致家鄉民貧地瘠。而澎湖地方福薄，不過出個進士便大旱七年民不聊生，若再出個皇帝，那百姓要如何過活呢？基於這種想法，所以蔡進士便毅然的破壞家鄉的好風水，此舉當然是出自蔡進士悲天憫人的胸懷值得敬佩。但這個大公的形象，對照他的死因，卻又顯得不很諧調。當然，民間的傳說，是不會在意這些枝節的，但身為一位研究者卻不禁要問，蔡進士在民間的認知中，到底是怎樣的一個人呢？

### （七）後代子孫

提到蔡進士，難免要提到他的後代，不幸的是，筆者搜集到的五則傳說，對其子孫全是負面評價，這似乎反應了大部分的實情，其中一則很詳細的敘述蔡進士的後代怎樣魚肉鄉里，甚至欺負他在江西娶的姨奶奶。

---

〔註54〕同註五。頁一二三。
〔註55〕蔡登仕先生於八十七年十一月一日興仁講述，徐翊倫、陳育津採錄。未刊稿。

蔡進士在外做官，家鄉的子孫很不肖。聽說，他們家有田地，有長工，但還常常強拿別人的，別人收成的花生放在田邊，他們去拿兩三袋回家，這算是很客氣的。有時整牛車的花生經過他們家門口，會都被卸下，如果反抗，就把你打死，沒有人敢惹他們！後來有一個姓林的福建人，是南少林的，在福建打死了人，跑到這裡來，被姓洪的請做長工。有一天，他見蔡家把別人整牛車的花生牽走，看不過去，就說：「你們也留一些讓人家做種，不要全部給人家拿走。」「怎樣？你看不順眼呀！」蔡家的人回答。姓林的就用手掌拍他一下，說：「好啦，不要這樣啦！快回去，三天後覺得不對勁可以來找我，超過三天我就沒辦法了。」這人當時感覺怪怪的，回家後第七天就七孔流血而亡。那姓林的是練功夫的呀！大概是練鐵砂掌那類的，手氣蠻毒的。

蔡進士在江西娶了少奶奶，他死後，江西奶奶扶棺回來，還帶著一個小孩。她回來後日子很不好過，每天天亮，那些蔡家子孫就來向她借錢，這個借十塊，那個借五塊；今天借一塊，明天借兩塊。她從江西能帶多少錢回來？能借幾次一塊、兩塊？後來有人對她說：「你這樣下去不行，要想辦法回江西。」可是想回江西也回不了，蔡家子孫不讓她回去，他們是錢想要，人也想要。這一次也是那個姓林的長工看不過去，暗中幫江西奶奶訂好船票，叫她晚上把蚊帳翻下來，燈火不要吹熄，整理整理東西，半夜兩點抱了孩子去渡頭坐船。江西奶奶是小腳，走到渡頭剛好天亮坐船回大陸。蔡家子孫仍是一早去向江西奶奶借錢。看見燈火沒熄，人卻不見，後來才知她已經回去了。所以現在這裡也已經沒有蔡進士的嫡傳子孫了。〔註56〕

由於蔡氏子孫的不肖，所以到後來甚至沒有水可喝：

蔡進士那一家人和村人處得不好，可能是做官賺錢沒疼他村裡的人。後來村人連井水也不讓他們挑，蔡家便去請強人來挑。以前都是拳頭好、武功好的人才敢受人請，不然一挑水就有人要打你。我的村子也有一個人被蔡家請去挑水。井的四邊圍牆很高，他一進去，村

---

〔註56〕同註九。頁三十二。

　　人已經等著要打他了，那個人功夫不錯，最後衝出來，沒被打到。

　　他雖然舀到了水，但不敢挑，挑了就跑不掉了。〔註57〕

蔡進士的子孫是否真的橫行霸道、魚肉鄉里，本文不予討論。但由蔡氏祖譜的記載及蔡家子孫的自述，蔡家由於後來人口凋零，現在所謂蔡進士的後代，都是「招贅」、「領養」進來的，真正蔡進士嫡傳的子孫早就沒了。倒是在江西，傳說還留有一系蔡進士的嫡傳子孫，前些年還來澎湖認親呢！

## 三、結語

　　總結上述的蔡進士傳說，筆者獲致以下結論：

　　（一）澎湖人有相當濃厚的宿命觀。反應在傳說上的，便是認為蔡進士之所以為進士，是命中早就註定的事。所以故事一再強調他家的風水及種種異象：出生時，有豬狗撞門；赴考時澎湖鬧旱災、家中有母雞叫，甚至搭船遇難，都有神明相救。凡此種種，無不在說明他的「不凡」及「命定」，但只靠這些，進士的功名就會自動從天上掉下來嗎？他的後天努力呢？奇怪的是這麼多則的傳說，居然沒有任何一則提到有關他讀書的情形，難道只靠聰明便可輕易的考中進士？

　　在中小學的課本中，我們讀到白居易自幼聰穎，一歲便能識「之」、「無」二字，但及長仍是苦讀至「口舌生瘡、手肘生胝」方才中舉；公認的天才詩人李白，也是受到「鐵杵磨針」的教訓，發憤苦讀，才有後來的成就；宋代古文運動的領導者歐陽修，自幼家貧，便隨著母親劃地習字，才有日後的成就；王羲之每晚習字苦讀，甚至把一池水都洗黑了，留下「墨池」的佳話。這些才子的傳說，在強調他們早慧的同時，都不忘說明他們的勤學苦讀，唯獨蔡進士就是找不到類似的說法。由這點來看，筆者以為，澎湖人太相信「命中註定」這回事，既然是命中註定，相對的，後天的努力就不是那麼重要了。所以反應在蔡進士的傳說中。便是再三強調他的不凡及異象而不及於苦讀一事了。

　　（二）從蔡進士的傳說，可以看出民間故事的包容性，幾乎只要可以和蔡進士扯上關係的，稍加改頭換面便成為他的傳說。所以從蔡家的風水、幼年的事蹟、赴考的表現、為官時期的辦案、乃至和太子、皇帝的應對，都與人一種似曾相識之感，似乎曾在什麼書上看到類似的故事，但附會在蔡進士

─────────────

〔註57〕同註九。頁四十六。

身上，卻又是如此的親切自然，好像真有其事一般。

「傳說」就像一件衣服，人人可穿，只是有人穿了合身，有人穿了不合身。綜觀蔡進士一生的傳說，他就像一位身材合宜的模特兒，不管誰的衣服都可以穿在他的身上，因此他的衣服極多，雖然大部份都是別人的，但穿起來卻極為合身。而且其中幾件衣服，還是來自金門老家的幾位進士身上。

從訪談及相關文獻記載中得知，早期的澎湖移民，多是由泉、漳二州、輾轉經金門而來的，而蔡進士一族亦是如此，他本身是由金門移民至澎湖的第六代。道光二十三年（一八四三年），他由澎湖進京會試途中，就先到金門瓊林拜謁祖廟，並為新蓋之「蔡氏宗祠」寫了一篇文章及一對柱聯，至今尚存在金門瓊林蔡氏宗祠中。在這篇文章中，他的署名是「新倉三房二十二世孫廷蘭謹記。」〔註 58〕如此便不難理解，何以幾位金門進士的傳說，會附會在他身上。

（三）至於澎湖民間對蔡進士的風評為何？可以分成二方面來說：第一，就傳說本身來說，蔡進士除了在私吞賑災銀兩及死因不大光彩外，其他傳說對蔡進士都表達了相當尊崇之意，但在提到這些可能不太光彩的事，總不忘說明蔡進士其實是很清廉的，他只是受了師爺的拖累，才被逼得自殺的。甚至還有一則傳說說蔡進士因有功於民，所以死後成神：

> 大約三十年前，進士曾降鸞興仁懋靈殿，表明死後受封為為江西文
> 判城隍，現已期滿，轉任天津文判城隍，日後村里中有事，可以朝
> 西北方設壇焚香禱告，必得助力。〔註59〕

蔡進士生而為「開澎進士」受萬民尊崇；死而為神，受萬代香火，人生如此，夫復何求？因此說澎湖人民是打從心裡以蔡進士為榮，是半點也不過分的事。但在以蔡進士為榮的同時，心中卻也有抹不去的傷痛，那就是蔡氏子孫在鄉魚肉鄉里的惡行惡狀。這種愛恨交織的結果，便形成傳說中對蔡進士的極力推崇，而又對其子孫大力批評的兩極化現象。第二，就講述者言，筆者起初以為在蔡進士家鄉——興仁採集到的故事（講述者十之八九都姓蔡），會比較傾向維護蔡進士，避免說些負面、不光彩的事。但實際分析講述者的年齡、性別、職業、教育程度及故事的採集地點等因素後，發覺以上因素，並不影

---

〔註58〕同註二。
〔註59〕《澎南區文化資源集錦》，（澎湖縣立文化中心‧民國八十七年十二月），頁一
四八。

響傳說的內容，甚至大罵蔡家子孫不肖的就是興仁人（請參見表九之一、表九之二）。所以實際上，這些講述者只是客觀的敘述一件事，把它當作茶餘飯後之談，並不信以為真。因此，蔡進士的傳說，實際上已是一個非常普遍的澎湖傳說，大家都能以平常心來講述他，不因為是同鄉或先祖而有所隱諱。

### 表九之一：蔡進士傳說統計表（一）

|  | 一般內容 | 有負面內容 | 小計 |
|---|---|---|---|
| 文獻資料 | 八 | 二 | 十 |
| 採錄資料 | 四十二 | 六 | 四十八 |
| 總計 | 五十 | 八 | 五十八 |
| 百分比 | 八十六％ | 十四％ | 一〇〇％ |

### 表九之二：蔡進士傳說統計表（二）

|  |  | 採錄地點 |  | 講述者姓氏 |  |
|---|---|---|---|---|---|
|  |  | 興仁 | 非興仁 | 蔡氏 | 非蔡氏 |
| 負面內容 | 八則 一〇〇％ | 四 五十％ | 四 五十％ | 三 三十八％ | 五 六十二％ |
| 一般內容 | 四十三則 一〇〇％ | 十二 二十八％ | 三十一 七十二％ | 十七 四十％ | 二十六 六十％ |
| 總計 | 五十一則 一〇〇％ | 十六 三十一％ | 三十五 六十九％ | 二十 三十九％ | 三十一 六十一％ |

說明：一、所謂的負面內容指：蔡進士私吞賑災銀兩、子孫危害鄉里等事。

二、一般內容中的五十則中有七則無法確定採錄地點及講述者姓名。

## 第二節　張百萬的傳說

張百萬，傳說中的全澎首富，其財富多到以錢填海而有餘，其財富之多由此可見。晚年因風水被破壞而導致家道中衰，其暴起暴落的一生向為澎湖民間所樂道。本文即就搜集所得的四十六則張百萬傳說，做一全面的探討分析。

### 一、生平

張百萬雖號稱全澎首富，然生平事蹟，地方上之相關史料卻無隻字片語

的記載。包含《澎湖廳志》、《澎湖紀略》等書皆未有張百萬的任何事蹟。目前唯一較完整的資料，為張百萬第十九世孫張新芳先生整理的一些資料。

張百萬名隱，號引治，字莘庵，原籍福建漳州府漳浦縣灶山埭頭社人，生於明萬曆三十六年，歲次戊申九月四日（西元一六○八年）未時，死於清康熙五年，歲次丙午五月初五日（西元一六六六年），享年五十九歲。隱公約於明末崇禎十年間（西元一六三七年）因躲避戰亂而遷來澎湖，卜居於大赤崁澳。隱公娶妻陳氏壼，育有五個兒子，長子名楚英，次子名遠英，三子名三英，四子名四英，五子名伴英。初到赤崁後以捕魚為生，據說他經常到赤崁北方一個無人小島下網，這個島常有些方方正正的烏色石塊露頭，由於澎湖缺磚，收網之餘，他常順道撿些回家，堆砌豬舍和雞寮。撿了一段時間，烏石越積越多。有一天，有一位江湖術士鑑定這些石頭為烏金石，再經銀樓業者正式鑑定後，也證明確屬烏金沒錯，轉瞬之間張隱變成富翁。

張隱後來經營航船生意，擁有龐大的船隊（俗稱龜仔船十三艘），來回於台閩兩地，將赤崁的特產丁香魚（醬）、珠螺、運往外地，回程運雜糧、石材、建材。接著更向台灣開展鹿港與閩廈之間的貿易，並在鹿港、彰化、員林、淡水購置產業，創設行郊。

張隱死後五十六年，他的孫子張啟俸（二兒子遠英的長子）於清康熙六十年因救平台灣朱一貴之亂有功，初任千總，後署遊擊管福建銅山營參將中軍守備事，後來再陞封為懷遠將軍，然後返回故里豎旗祭祖。同時請地理師在「巷港」擇地建祖廟，祖廟在清雍正元年完工落成，並將雍正皇帝賜爵誥命牌（誥封張啟奉為懷遠將軍，並追封乃父遠公、祖父隱公同為懷遠將軍，其妻為三品淑人，並追封乃母李氏及祖母陳氏同為淑人的聖旨牌），懸掛於祖廟內。

啟俸的二弟啟璋，也在雍正八年在巷港興建八落大厝，由大赤崁遷移到巷港居住。這八落大厝佔地六百七十五坪，正面寬一百一十四公尺，側面長二百一十三公尺，正門兩座、側門兩座、廳房大門數十間，另有龍虎井四口、和棧房、馬廄等建築物。如此巨宅，當時台澎兩地都是首屈一指。張家興建大宅院，很多建材都重金取自大

陸，其中不乏建材珍寶的隴石和青烏石，尤以不少屋頂蓋瓦硐，為澎湖前所未有，從此張宅所在地竟以「瓦硐」為地名，一直叫到今天。瓦硐當地也因張宅遷入，開始繁華，一度並為白沙島的首治所在地。……術士替張家選擇到一塊風水佳地，據說穴屬「八馬拖車」，蓋成左四落、右四落，兩邊併排相連的八落大厝。後來又在八落厝建後方另建一庫房，新建庫房蓋好後，張家的運道就連連崩毀。傳說「八馬拖車」本來是風水好地，加上那棟庫房後頓時變成「九犬分屍」的惡土，張家的財運自此一傾，再也不可收拾。

民間傳說中的張百萬與小赤崁村呂石老，因牛車隊搬運建材，給呂家人的出入帶來極大不便及影響安寧而告官衙門一事。演變為在吼門（澎湖跨海大橋中段海溝）丟銀元比輸贏的笑料，就是發生在張百萬的孫子輩。從赤崁碼頭搬運建材到巷港必須經過小赤崁的村莊，（古時候唯一的一條路）以後張啟俸為了仕宦需要，遷居福建廈門，死後葬鼓浪嶼。張啟俸這一房從此留居大陸，張啟璋這一房也由赤崁人變成為瓦硐人。〔註60〕

以下依據上項資料，表列張家大事如下，以利於和下文的傳說參看對照。

（一）明萬曆三十六年（西元一六〇八年）：張百萬出生。

（二）明崇禎十年（西元一六三七年）：張百萬因躲避戰亂而遷來澎湖，卜居於大赤崁澳。

（三）清康熙五年（西元一六六六年）：張百萬卒，享年五十九歲。

（四）清康熙六十年（西元一七二一年）：孫子張啟俸因救平台灣朱一貴之亂有功，任千總，後為懷遠將軍，並追封其父、祖同為懷遠將軍。

（五）清雍正元年（西元一七二三年）：張氏祖廟完工。

（六）清雍正八年（西元一七三〇年）：啟俸的二弟啟璋，在巷港（今瓦硐）興建八落大厝，由大赤崁遷移到巷港居住。

（七）時間不詳：張百萬的孫子輩在吼門發生以銀填海之事。

〔註60〕張新芳先生於八十八年十二月十六日白沙鄉赤崁村講述，陳智超、蔡玉雯、楊美秀採錄。另，於張新芳先生主筆之《赤崁漁業文化掠影》，（澎湖縣立文化中心‧民國八十五年十月），亦有相同的記述。由於採錄者之一為張新芳先生之同事，上述資料由張新芳先生提供，其內容較《赤崁漁業文化掠影》詳盡，故採用之。

## 二、相關傳說

### （一）發跡經過

#### 1、拾黑金致富

張百萬究竟是如何發跡成為全澎首富的，說法有許多種，最普遍的說法是說他因為在無人島拾到黑金而一夕致富的，而此無人島則因張百萬在此拾獲黑金之故，而被命名為「金嶼」，但張百萬為什麼會去拾黑金，說法就有很多種：

> 清朝時，瓦硐住了一個叫張百萬的人，傳說他每次到後寮海邊釣魚時，回家總習慣撿塊石頭壓魚簍，使魚簍不會晃來晃去，回家後就順手把石頭往牆腳一丟，經過日積月累，牆腳邊就有了一大堆的石頭。有一天張百萬無意間發現，那一堆石頭經太陽曝曬後，竟然發出黃金般的光芒，他仔細一看，這堆不起眼的石頭居都然是黑金，後來當他想要用牛車到海邊多載一點回來時，就再也沒有這種石頭了。〔註61〕

> 張百萬小時候很窮，常到後寮後面一個叫金嶼的無人島去釣魚，看到四四方方的黑石頭，就搬回家疊起來圍圍牆。有一天，一個大陸來的地理師看見這圍牆，心想：「啊！這個人這樣有錢，用黑金做圍牆！怎麼這麼有錢！」於是對張百萬說：「喂！你黑金一粒賣我好不好？」張百萬很聰明，一聽到黑金，他嚇了一跳，如果地理師不講他也不知道，但他很冷靜，不動聲色地賣了一塊給地理師。後來把其它的也賣掉，就有錢了。張百萬知道那些石頭是黑金後，再去找已經不見了。有人說，他該得的財份就這樣子，不能再多。另一個說是：那些黑金是海盜放在那裡的，後來知道被人發現，就去搬走了。〔註62〕

> 張百萬是赤崁人，他有錢的原因是他得到黑金。他去金嶼看到黑金，以為是石頭，就撿回來放在雞寮上，用來敲螺。〔註63〕

---

〔註61〕某司機先生於八十六年一月十六日講述。曾雅卿等採錄。未刊稿。
〔註62〕金榮華：《澎湖縣民間故事》，（台北中國口傳文學學會·民國八十九年十月），頁五十五。
〔註63〕同前註。頁四十六。

（張百萬）他每天搖著小舢板到一個無人島釣魚，順便撿些海上漂流的竹子、木材回去升火煮飯。這天，他又到島上去，因為他想養雞，所以就在島上的四處找石頭，打算搬幾個回去堆個雞寮，他繞了一繞，看到一堆玄武岩，黑的發亮，很好看，就把它搬回去，連續搬了幾天，終於在門外圍成一個雞寮。〔註64〕

在這些說法中，張百萬是由於圍圍牆（堆雞寮、敲螺、壓魚簍……）等動機，才會到海邊撿些方正的石頭回來，之後得到某人（通常是唐山來的地理師）的指點，才知道所拾回的石頭是黑金，故而一夕致富。但也有少數幾則說黑金其實是別人撿給張百萬的：

張百萬的母親常去海邊撿拾珠螺，回家醃製珠螺醬。海邊有很多烏金，她不認得，每次去海邊，就從那兒捎一塊回家築防風堤。這樣地一天過了又一天，一年過了又一年，她完全不知道，她用來築防風堤的、甚至用來敲打螺殼的砧板，竟然都是烏金。……後來皇帝就敕封張母的兒子為「百萬」。〔註65〕

不管黑金是怎麼來的，很多人心中一定有個疑惑：到底什麼是黑金？根據老一輩的說法「黑金」又叫做「烏金」，其實就是外表氧化變黑的黃金。那黃金是怎麼來的？又如何會變成黑金？原來從前澎湖一帶海域常有荷蘭人的商船往來，其中有些商船不幸遇難，則其所載運的貨物（包含金塊、金磚），便有部分隨著浪潮被吹打至岸上，並非全然沒入海中，這些黃金經過海水的浸泡、太陽的曝曬、海風的侵蝕，外表逐漸失去亮麗耀眼的色彩，再隨著歲月的流逝，外表更是沾滿了青苔泥沙，形成了所謂的「黑金」。

也有人說，早年澎湖海域海盜盛行，海盜為避人耳目，遂將搶得的財物換成金塊，再將外表弄的漆黑，和玄武石混在一起，藏在無人島中，後來海盜因受到官府的追捕四處逃散，藏在無人島中的黃金從此無人聞問，直到後來張百萬無意中撿了回去，這些黃金才又重見天日。更有人說，其實張百萬根本就個海盜，後來他收手不做了，便把搶到的金銀財寶，全部換成金磚，外表弄得髒髒黑黑的，藏在金嶼上面。後來移居澎湖，便把藏在金嶼的金磚搬回來成為大富翁，對外則向大家宣稱他是撿到黑金致富的。以上這些說法

〔註64〕姜佩君：《澎湖民間傳說》，（台北聖環出版社．民國八十七年六月），頁一四二。
〔註65〕同註六十二。頁五十。

雖只是鄉里間的言語，但也不是無稽之談，從澎湖早期的歷史及海象險惡的情形來看，這些事的確有可能發生的。林元輝就曾比較詳盡的提出他的看法：

> 根據史書記載，明朝中葉以後，澎湖群島一直就是海賊窩，列島上
> 每多天生的石洞和窟穴，如果當年的海盜將劫來的金銀珠寶暫藏在
> 無名島的石洞裏，也非不可能，迄今，澎湖縣望安嶼上以產文石著
> 名的天台山中，就還有怪洞藏寶的傳說，何況是海盜猖獗的當時？
> 加以十七世紀初，荷蘭、西班牙相繼攫取台澎，連續數十年，一直
> 在台灣各地探尋傳說中的金礦，他們的足跡從南到北、從西到東，
> 也從外圍直入深山內地，雖無大發現，但金瓜石、九份一帶的金砂，
> 卻被他們搜刮不少。這些金砂，據有關書件記載，都曾鑄成金磚，
> 船運到荷屬巴達維亞和西班牙占據的呂宋島去。無論航線何往，船
> 隻必然經過澎湖群島，而北澎湖海面，大小礁嶼星羅棋佈，其間暗
> 礁伏流極多，自有歷史記載以來，就是風濤險惡之區，因誤航、疏
> 忽或不可抗拒的天災，而發生沈船破舶的慘事，年年不絕，就是當
> 時西方國家的巨艦，也難以倖免。出事後的金磚難免有少數未沈入
> 海底，只擱淺在島礁岸穴附近，久經歲紀，因氧化鹽漬而變黑，加
> 以潮打浪推，逐漸在人跡罕到的海灘上露頭，為來這兒捕魚的張隱，
> 在不知是寶的狀況下，糊裏糊塗撿回去，是大有可能。〔註66〕

因此金嶼雖然不產金，但張百萬在金嶼拾金之事，的確有其可能。不過張百萬的另一房後代，並不承認有所謂的「拾金致富」的事，據現年九十四歲，張百萬的第十九世孫張兆麒先生的說法，其祖先移居澎湖之前便已是小富之家，來澎後，一方面是經商得法，一方面是子孫先後為官，經多年累積遂成巨富，拾金之說純屬民間傳說並非事實。〔註67〕

### 2、其他原因致富

有關張百萬的致富，除了撿黑金的傳統說法外，還有一些其他不同的說法：

> 張百萬有一個奴才叫傻喀，這傻喀的屁眼是方的，所以別人的大便
> 是圓的，他的大便卻是方的，張百萬會發財就是因為傻喀的關係，
> 所以就把他改名叫進財。張百萬每天就坐在桌子那裡，天亮就叫：

---

〔註66〕林元輝：〈張百萬傳奇三百年〉，（《民生報》·民國七十年七月三日），十二版。
〔註67〕據八十七年五月十一日《澎湖時報》報導。

「進財來喔！」進財就要回答：「來嘍！」每天都這麼做，所以張百萬就有錢起來了。〔註68〕

張百萬可說是當時全澎湖最富有的人。有一位從大陸來的算命先生替他算命，發覺不論是由面相或八字來看，他都不是富貴命而是乞丐命。所以他就天天跟蹤張百萬，想了解他富貴的原因。跟蹤了幾天，才在海邊發現，原來張百萬的大便是方的。所謂的「一貴破萬賤」，張百萬就是這點與眾不同，才能如此富有。〔註69〕

聽說張百萬這個人，生的不漂亮，有沒什麼體力，是一個矮矮的人。那風水先生就想：「他這個人明明就沒這個福相，怎有可能這麼有錢？」他想張百萬一定有個「暗貴」，不然不會得到黑金，所以就跟蹤他。最後跟蹤到他大便，他看到張百萬是「四角屁股」，拉的屎也是四角的，才知道這就是一種「暗貴」，所以他才有這個福氣撿到黑金。〔註70〕

在前二則說法中，張百萬的財富其實都是別人帶給他的，但為什麼張百萬可以坐享這些人帶來的財富？又何以有如此的好運可以撿到別人撿不到的黑金呢？後三則的故事，提供了一個有趣的解答，原來這是因為張百萬的糞便（或屁股）是方形的緣故，這種奇異的生理現象（身體特徵）正是命相學中一種很奇特的「貴相」，加上這種「貴相」是一種「暗貴」，屬於相術理論中的「隱格」，而正好張百萬又名叫「隱」，所以更是貴上加貴，二者相輔相成的結果，從此張百萬財源滾滾而來。

### （二）以金填海

　　張百萬拾金致富後，開始往來唐山經商，傳說在這過程中，張百萬由於得到地理師的指點，營建了一個好風水，所以經商順利，終至富可敵國的局面。也因為如此，張百萬開始驕傲無禮起來，最後終於發生了和人賽錢定輸贏這件膾炙人口的故事。和張百萬賽錢的對像，一般的說法是澎湖的另一位富翁呂石老，但二人究竟是為了何事要鬧到以錢填海來決勝負，則有以下數種說法。

〔註68〕劉大先生於八十七年十二月十三日龍門講述。王祥霖、張詩紋採錄。未刊稿。
〔註69〕同註六十四。頁一五三。
〔註70〕鄭文化先生於八十六年七月二十八日馬公西衛講述。姜佩君採錄。未刊稿。

張百萬有錢後，開始到大陸做生意，去大陸買東西，再回來這裡賣。那時赤崁有一個姓呂的叫呂石佬，嫌張百萬運貨的牛車從這兒經過太吵，就拿出斧頭，把牛車的牛軛斬斷，讓牛車不能走，所以他們兩個就因此告到官府去。可是二人都是有錢人，官府誰也不敢得罪，所以後來他們就自己提議說：「不然用比賽來定輸贏。」「比賽什麼？」「用金子來比賽。你把你所有的金子用船載來港邊，我們一次丟一個，輪流丟，先丟完的就算輸。」赤崁那個呂石佬用磚做假，他的船上一邊放金，一邊放磚，二者摻雜著丟，而張百萬是用真金去丟，結果呂石佬還是丟輸張百萬，從此他不敢再去告張百萬，這件事就這樣不了了之了。〔註71〕

張百萬有錢後，開始變得驕傲起來，每天黎明，鄉民務農的牛車從他家門前經過時，瓜拉瓜拉的聲音，吵醒了他，張百萬就會開門出來罵人，這個舉止使得鄉民十分不滿。有一位姓呂的舉人，就站出來替鄉民講話，於是張百萬就跟呂舉人起了爭執，為了一滅張百萬的傲氣，呂舉人便提議要和張百萬比賽誰的錢多，張百萬一口就答應。聰明的舉人就將錢串成一串，一串錢中只有前後幾個是真錢，中間都是假錢。但如果把錢丟到地上的話，用假錢的事會被張百萬識破，所以呂舉人便提議到海上比賽，這樣用假錢的事就不會被識破了。但是比賽結果，張百萬用真錢，還是丟贏了呂舉人的假錢。但張百萬的財力也因此被削弱不少。據說現在吼門附近，還有漁夫撈到一個一個的古錢。傳說就是他們比賽時丟下去的。〔註72〕

澎湖有個財大氣粗的將軍，聽說張百萬很有錢，就要和他比，看誰的錢多。他們約定三天後到跨海大橋的「吼門」比錢，方法是把一百文錢串成一貫，丟到海裡，看誰的錢可以將海填平，於是比賽就在將軍丟一貫，張百萬丟一貫的情形下開始了，比到後來，將軍快沒錢了，他想：「錢可以丟，面子可不能丟！」所以趕緊命令手下把瓦片磨成和錢一樣大小的假錢來魚目混珠，一貫錢中只有前後二塊

---

〔註71〕方思溫先生於八十六年七月三十一日白沙瓦硐講述。張百蓉、姜佩君採錄。未刊稿。

〔註72〕許先生於八十六年一月二十二日講述。巫秀慧、曾雅卿採錄。未刊稿。

是真的，中間都是假的，但比賽結果，將軍還是輸了。〔註73〕

張百萬是從福建至澎湖的，來的時候帶了很多錢來，所以成為澎湖的大富翁。後來大陸那邊，有個富翁聽說張百萬很有錢，便來和他比賽，看看誰的錢比較多。兩個人約在「吼門」（在現在跨海大橋中間，有漩渦的地方就是「吼門」）這個地方數錢，看誰的錢先數完誰就輸。於是兩人就在那裡，對著漩渦口，你一塊我一塊的數起金塊來，從早上數到晚，張百萬的金塊數完了，而那位先生的金塊還有剩，於是張百萬就輸了這場比賽。後來那位富翁說：「你剛才數的是真金塊對不對？你太傻了，我數的是鍍金的，你被我戲弄了。」從此張百萬就變的沒錢了。〔註74〕

這場轟動全澎湖的比賽結果，大部分是說張百萬贏了，少部分則說是呂石老贏了，張百萬因此喪失全部的財產，回復到從前一文不名的日子。但奇怪的是，這件澎湖大眾耳熟能詳的事，在張新芳先生的記載中，主角卻是張百萬的孫子，而非張百萬本人。為何如此？

就目前的資料來說，完全沒有一則說法或是蛛絲馬跡顯示出和呂石老比賽以金填海的是張百萬的孫子，既然如此，何以張新芳先生會如此記錄？到底何者較接近事實？如果由張、呂二人至吼門比賽以金填海的主流說法來看，事情的起因，是由於張百萬運貨的車隊，日夜經過小赤崁呂家的門口，使得呂家上下不得安寧，因此才會相約在吼門比錢定輸贏。若是如此的話，則事情一定得是張家遷到瓦硐之後才會發生。因為從地理上來看，從瓦硐到港口，小赤崁是必經之路，但據張新芳的考證，張百萬自從到澎湖之後，便一直定居在大赤崁，未曾他遷。而大赤崁本身即為一港口，所以來回港口運貨，並不需要經過小赤崁呂家，因此這件以金填海的事件，便絕不可能發生在張百萬身上。而另一方面，從祖譜上明文可考的，正是張百萬的孫子——張啟璋將張氏一族遷往瓦硐的，所以張新芳先生才會將以金填海這件事記在張百萬的孫子輩上。若是如此，又何以民間會有完全不同說法？關於此點請容後再論。

姑且不論主角是誰、誰輸誰贏，筆者打從心底懷疑這件事的可能性，因

〔註73〕同註六十四。頁一四四。
〔註74〕郭金甲先生於八十八年十二月十一日講美村講述。李雅娟、曾士馨採錄。未刊稿。

為沒有人會拿自己的錢開玩笑，即使這些錢是不勞而獲、從天而降來的。那何以會有個傳說產生，而且數量還不少（二十餘則）！筆者以為這整個事件可能是「倒果為因」的結果。

在採錄的過程中，筆者曾多次詢問講述者，有沒有人試圖潛下海中，把他們丟的錢撈上來，得到的答案都是一致的：「那裡的水太急，根本潛不下去，人只要一下去，恐怕就很難上來了。但是曾經聽說某某人曾在那一帶撈到龍銀、古錢……。」再印證傳說中的線索，也是再三強調吼門那裡是個水流湍急，有漩渦的地方，張呂二人比錢，就是把錢往漩渦的中心眼丟。因此我們可以確定吼門的確是個險惡之地，而吼門位於今跨海大橋附近，跨海大橋是目前連接白沙與西嶼的重要橋樑，早期跨海大橋尚未興建時，二地的往來，吼門正是必經之地。而吼門一帶向來波濤洶湧、海象險惡，所以在此遇難的船隻應當不少，所載運的貨物也都因此沈入海底。因此筆者以為，整個傳說的起因，正如同張百萬在金嶼拾到黑金一樣的情形一樣，應該是吼門附近一帶的漁民，常會在這附近撈到一些古錢、黃金等物，民眾雖不曉得錢財來自何方，卻知道附近住了二個財大氣粗的財主：張百萬和呂石老，而且二人還處得不甚和好，甚至還曾撂下話說要比看看誰的錢多等等。漸漸以訛傳訛的結果，便形成張呂二人曾相約到吼門這裡賽錢的傳奇事件。

### （三）家道中衰

俗話說「富不過三代」，張百萬盛極一時後，終究也免不了走上衰敗一途，有些故事在說完張、呂二人以金填海後，便緊接著說張雖然獲勝（或落敗），但也因此元氣大傷，不久就家道中衰了。這個因素之外，其他關於張百萬衰敗的原因，大概還有以下二種：第一種由於是風水被破壞。第二則是由於「香菇木耳」事件。

#### 1、風水被破壞

傳說張百萬之所以能成為全澎首富，不僅是因為拾到黑金致富，而是因為拾金後開始經商，賺了不少錢，最後才發展至富可敵國的局面。而張百萬所以能以經商致富，據說是因為他得了一門好風水的緣故，但最後也是由於風水，而導致家破人亡。對於張百萬的這個風水，澎湖民間有許多不同的傳說。比較單純的說法是說，張百萬拾金後，蓋了八間房子，外觀形似八輛馬車，形成風水上所謂的「八馬拖車」，才能以黑金經商成為首富。後來張百萬

在八房之外，又多蓋一間存放金銀的庫房，結果反而形成「九犬分屍」的壞風水，而逐漸走向衰敗之路。

　　（張百萬）總共建了八間大房子，買的地也一望無際，人們傳說他的地是「四鳥飛不過」——四隻鳥飛不過他的地，可見地有多大！後來錢越賺越多，於是有人建議他，不如再蓋一間金庫，專門放錢放黃金，所以他就又蓋了一間金庫，但是自從蓋了金庫以後，生意就越做越差，漸漸就家道中落，一敗塗地了。後來地理師跟他講，他一開始蓋的八間大房子，符合風水上的「八馬拖車」，意思就是皇帝出巡，用八匹馬來拖車的意思，是地理上最好的風水，但他最後加蓋的那間金庫，把風水破壞掉了，變成「九犬分屍」，因此生意自然就越做越差了。而他那「四鳥飛不過」的地，傳到後來就變成「死鳥飛不過」了。〔註75〕

比較複雜的說法則加進了張百萬得罪地理師、地理師設計破壞風水的情節：

　　張百萬會突然變富有，是因為一位風水師幫他看了一塊「八馬拖車」的地，但這位風水師將地告訴給張百萬，是洩漏了天機，所以必須成為瞎子，於是張百萬便負起照顧他的責任，把他服待的很好，三餐也吃得很豐盛，因此他也不以為意。有一天，風水師吃到雞肉，覺得很高興。後來卻聽到一個小孩子說，那是病死的雞做成的，於是風水師開始懷恨在心，想到自己為了張家失去雙眼，不得已才待在張家讓他們照顧，並非無功受祿，但他們居然吝嗇到用病死的雞給我吃，於是便計劃報復。他告訴張百萬：「如果你想更富有、子孫更好的話，還有一個辦法，那就是在你們現在的房子旁邊另外再蓋一棟房子，這樣子以後就能更發達，子孫也能受福澤。」張百萬因不懂風水，便依風水師所說，在旁邊蓋了另一棟房子，結果一蓋這棟房子，風水就變成「九馬分屍」的格局，這是很壞的風水，所以等房子建造完成，張百萬的家道便開始中落了。〔註76〕

　　傳說張百萬遇到一位算命師，算命師告訴他：「有一個地方的風水很好，要是把祖先葬在那裡的話，以後你會很有錢，但是我告訴你這

〔註75〕同註六十四。頁一四五。
〔註76〕楊錦隆先生於八十八年六月五日講述。陳美慧、楊雅如、薛小琪、許雅婷採錄。未刊稿。

個地方後，就洩露了天機，從此會變成瞎子，你願意養我一輩子嗎？」
張百萬答應了，於是算命師就把地方告訴了張百萬，算命師果然從
此成了瞎子。

自從祖先的骨灰葬在此穴後，張百萬生意越做越好，到最後家財萬
貫，張百萬一直都很照顧他。但久病床前無孝子，後來張百萬因為
太忙，就沒那麼殷勤了，有一天女侍端羊肉給他吃，算命師很好奇，
便詢問為什麼這天吃這麼好呢？女侍回答說：「一隻羊掉下糞坑死
掉，所以再多也都弄給你吃啊！」算命師聽了很不高興，心想我是
為了你才瞎掉的，你竟然這樣對我，於是便想要報復。正好張百萬
家中有人過世，於是算命師就騙張百萬，說他知道有一墓穴風水更
好，葬下去後一定更好，會有更多的錢，張百萬心動了，就聽算命
師的話葬下去了，果然葬下去後原來的風水就破壞了，張百萬作生
意就不再順利，頻頻虧損，於是就漸漸沒落了。〔註77〕

後來有人傳說，張百萬市得到一位地理師的指點，為他的房子看了
一個「五馬拖車」的好風水，所以錢才會一直滾滾而進。可是他後
來得罪了地理師，地理師就將「五馬拖車」的風水改為「五馬分屍」，
從此張家便衰敗下去了。〔註78〕

不管「八馬拖車」被改為「九犬分屍」是張百萬的無心之舉或是地理師的有
心設計，總之現今白沙鄉瓦硐村張家舊宅遺址，尚留有傾圮的石基是不爭的
事實（已無法由外表判斷當年的原貌），縣政府也在此地立了一個「解說牌」
記述這件事：

張百萬故居簡介。張百萬本名隱，因巨富而得名，生於清初順治年
間，距今三百餘年。……隱年青時，家境貧困，以漁為生，傳某日
自金嶼（白沙鄉屬無人島）拾獲鉅額黑金，因而致富，乃在此建造
規模宏大之房屋八間，號稱「八馬拖車」富甲一方，極盛一時。後
另建銀庫一間形成「九犬分屍」，因而家道中落，到如今空留幾處遺
跡供人憑弔而已。最近後人在銀庫後面建築樓房一棟為第十間，美
侖美奐，為象徵十全十美，以期家道之中興，亦為有趣之事。澎湖

〔註77〕鄭永得先生於八十八年六月十三日馬公市文講述。歐美芳、周美芳採錄。未
　　　　刊稿。
〔註78〕同註六十四。頁一五四。

縣政府製，民國六十八年六月立。

但張家後代對此風水之說似乎頗不願承認，筆者到瓦硐採錄時，當地耆老方思溫先生告訴我們，說張家後代塗改了「解說牌」上的文字，實地一看，果真如此。「九犬分屍」四字上面被紅漆改為「九犬看門」，因為塗改的時日已久，「九犬看門」的漆色已然褪去，所以可以很清楚的看到「九犬看門」、「九犬分屍」上下二層文字。

同「以金填海」事件一樣，在張新芳先生的資料中，這個風水事件也不是發生在張百萬的身上，而是發生在他的孫子輩上，此處張新芳的記載可能比較接近事實。因為這二件事的關鍵，都在於張家是否遷移至瓦硐這件事上，若張家一直定居在赤崁，則這二件事便無由發生，但這次的遷移，不僅是整個家族的遷移，還包括了營建祖廟的大事，因此家史的記錄應該是正確無誤的。但若是如此，何以民間會將此二事全部附會在張百萬的身上，而絲毫沒有提到他的孫子？關於這個問題，應該是故事中的「時間」因素被抽離出來的結果。

通常講述者講述故事時，為求故事精彩緊湊，往往會將一些不相關的人物排除、抽離掉，並且壓縮時間，使事件一件接一件的發生在主角身上，使主角的一生高潮迭起，吸引觀眾的興趣。張百萬的情況也是如此，身為張氏一族來澎的「開基祖」，本身就充滿傳奇的色彩，加上拾黑金的傳聞，使得大家更樂於講述他的一生經歷。漸漸的，隨著時間的流逝，大家逐漸把張家百年來的興衰大事，全濃縮於張百萬的一生當中講述，以增加張百萬一生的傳奇性，而逐漸將其子孫排除在傳說之中。上述之說雖是臆測之詞，但有證據可以證明此項推論的可能。在「九犬分屍」這件事後，有一些講述著緊接著說，張百萬為了挽回風水，所以又在附近蓋了一棟房子以求「十全十美」，結果，果然挽回（或不能挽回）張家沒落的命運：

> 相傳張百萬有錢的時候，蓋了八間大房子叫做「八馬拖車」，這是一個吉祥兆頭，但後來因為他太驕傲，所以被一位算命先生設計了。算命先生對張百萬說：「你有這麼多的錢，應該在八間房子旁再多蓋個倉庫裝錢。」張百萬信以為真，就蓋了第九間倉庫，結果風水就變了，成為「九犬分屍」，不久他就破產了。後來他發現時，趕快急急忙忙又蓋一間倉庫，想要求得「十全十美」，但已經來不及了。〔註79〕

〔註79〕同註六十四。頁一五四。

張家蓋了第十棟房子之事確實是真的，只不過房子不是張百萬蓋的，而是數百年後，現代的子孫蓋的。據說日據時期，留在瓦硐這房的張氏子孫四處離散，光復後返鄉，因故居已經老舊不堪居住，所以才在祖厝附近蓋了一棟新房子定居。〔註80〕因此從「九犬分屍」至「十全十美」之間（約一七三〇～一九四八），至少是隔了一、二百年的時間，但在故事中，完全看不出「時間」這項因素，感覺上，這些事件似乎是接連發生下來的，其實卻不然的。張百萬因風水而沒落的傳說，除了一般人熟知的「八馬拖車」之說外，還有以下二則是比較不為人知的，佟錄於後，提供參考：

> 張百萬在他事業發達之後，特地從唐山聘請一位名地理師，回鄉將祖墳遷葬整建。地理師走遍澎湖各地，終於在「港仔底」的地方獲得一良穴——「鯉魚穴」。張家非常高興，擇定吉日進行遷葬。誰料百密一疏，就在棺木要葬下的時候，赫然發現棺木太大了，原來工人是依照一般棺木大小挖的土坑，容不下張家特製的大棺木。張家無奈，只得指示工人要將土坑挖大。這時，地理師極力勸阻：「千萬不可『掘地就棺』，而要『裁棺就地』啊！」但是張家不從，以為世上那有破壞棺木的道理。於是就叫工人動手開挖。不久地上隱約有暗紅色土水流出，這時天空也飄起雨來，修完墳後大家急忙回家，而地上滲出的暗紅色土水，和著雨水流了將近一天一夜，看在地理師的眼中只得無奈的搖頭：「沒這個命也沒辦法啊！」。自此，張家的事業急轉直下，先是載有三十六名家丁的採購船於海上航行時，有人發現船側有大鯉魚，於是眾人齊集船側，爭相觀賞，忽然一個大浪打來，船隻應聲翻覆，眾人皆命喪海底。此後張百萬的船隻出海必遇風浪，終至步向衰敗的命運。〔註81〕

> 張百萬會如此有錢，是他住家後有一個「撞鐘穴」。由於巷港過去是一個商港，來往的人很多，大家都是以牛車作運輸工具，而張百萬家在港口附近，牛車經過他家後面，發出「窟隆，窟隆」的聲音，就像撞鐘一樣。因來往的人很多，「撞鐘穴」就愈撞愈響，因此張百萬也愈來愈有錢。後來由於商港沒落，牛車來往減少，張百萬便沒

---

〔註80〕據張新芳先生言，蓋這第十間房子的人，為張家的贅婿洪水錦先生，時間約在民國三十七、八年左右。

〔註81〕同註六十四。頁一五六。

落了。〔註82〕

## 2、香菇木耳事件

傳說張百萬將要盛極而衰時或蓋了第九間庫房後，有一年清明節祭祖，張百萬命長工前往馬公採辦「香菇」、「木耳」來祭拜，但這位長工不知怎麼回事，居然買了「香爐」、「木主」（即神主牌位）回來，大大觸了張百萬的霉頭。結果張家搭船祭祖時，船就翻了，先前買回來的香爐、木主正好派上用場。而張家經此大難，元氣大傷，終至一敗塗地。

> 張百萬要到港底掃墓，他要進財先走路到媽宮（今馬公）去買香菇和木耳。進財怕忘，就邊走邊念：「香菇、木耳、香菇、木耳。」到了半路，不小心踢到一塊石頭跌倒，就忘了要買什麼。起來後，想了一想，好像是要買「香爐」、「木柢」（神主牌），就又一路唸著：「香爐、木柢、香爐、木柢。」到了媽宮也不知道要買多少個，就隨便的買了十八個。這時，張百萬及家人坐著船，從巷港出發到港底掃墓（以前尚未有永安橋及中正橋，所以須搭船）。途中，有人看到海裡有一隻雙頭鯉魚，大家爭著去看，結果，船身無法保持平衡，一傾斜，船上十八人全部落水死亡。所以進財買的十八個香爐木柢就用上了。從此，張百萬家便沒落了。〔註83〕

> 張百萬的敗落是在清明節，那日張百萬要到巷港掃墓，就要家丁到馬公辦貨，他一家好像有十二人，他交待家丁買十三兩木耳、十三兩香菇，家丁不識字，就用唸的「香菇、木耳、香菇、木耳」，從巷港念到馬公卻變成「香爐、木主、香爐、木主」所以就買了十三個香爐、十三個木主回來。以前從白沙鄉到湖西掃墓要坐船，所以張百萬一家十二個人和一隻狗就坐著船去掃墓，到了半途，突然刮起風，船被打破，人員全部淹死，剛好符合事前買的十三個香爐、十三個木主。〔註84〕

> 張百萬請個長工來馬公買東西，那時他快要敗了，所以要長工來馬公買「金針木耳」來拜拜，結果長工到馬公卻買了「香爐，木主」

〔註82〕同註六十四。頁一四八。
〔註83〕同註六十四。頁一九〇。
〔註84〕呂英偉先生於八十六年七月三十日東衛講述。陳勁榛、鄭慈宏、陳蕙如採錄。未刊稿。

去拜，大家都在笑他。〔註85〕

不管是「香菇、木耳」或「金針木耳」，同樣是一件事，有人把它當笑話來說，有人則把它用來說明張百萬的敗落。雖然如此，不過這件事有可能根本就不是張百萬的，在彰化就有一則這樣的故事：

> 有個媽媽叫小孩去雜貨店買東西，小孩怕忘記，就一邊走一邊念說：
> 「金針木耳、金針木耳。」邊走邊唸，走著、走著遇到一條水溝，
> 用力一跳，跳過水溝之後，哇！竟成了：「香爐神主、香爐神主。」
> 來到雜貨店說：「我要跟您買『香爐神主』」雜貨店的人說：「那有人
> 在賣『香爐神主』的！」小孩說：「哇！糟糕了！不然我媽媽怎麼會
> 叫我買？」於是就回家去對他媽媽說：「雜貨店的人說沒賣『香爐神
> 主』耶！」他媽媽說：「缺德鬼，你要跟人家買『香爐神主』，人家
> 那有得賣啊！您亂說話，我是叫你買『金針木耳』！」小孩就說：「啊！
> 我跳過水溝，忘記了，竟變成『香爐神主』耶！」〔註86〕

因此這個說法可能原本只是民間的一個笑話，而且是閩南語地區才有的笑話，傳進澎湖後，才附會在張百萬身上的。但張家翻船的慘案，似乎不是子虛烏有的。據張新芳主筆的《赤崁漁業文化掠影》中的記載說：

> 在張百萬的祖譜中也發現和宋家同一時期亡故的多達十一人，其中
> 第四房（張百萬的四子）的後代有六人，是兄弟，第五房（張百萬
> 的五子）的後代有五人，這種巧合無不與天災或人禍有著關聯。在
> 張家祖譜中又記載：「有某年清明日，往離島祭掃祖塋，忽遭大風，
> 船沈人沒。」的事件，依理在白沙離島中應該是沒有張家的祖塋，
> 發生船沈人歿的記事或是因時間久遠而在追述中略有出入也未可知。

〔註87〕

此事年代久遠，至今已無法考查，筆者也無心探究，只是想藉此說明，傳說雖然有相當大的虛構成份，但亦不至於空穴來風、無中生有，張百萬的「香菇木耳事件」就很有可能是「翻船的事實」加上民間「錯買香爐木主」笑話的結果。

---

〔註85〕高泉慶先生於八十六年七月二十八日馬公城隍廟講述。陳勁榛、鄭慈宏採錄。
　　　　未刊稿。
〔註86〕胡萬川：《彰化縣民間文學集・故事篇四》，（彰化縣立文化中心・民國八十四
　　　　年七月），頁九十九。
〔註87〕《赤崁漁業文化掠影》，（澎湖縣立文化中心・民國八十五年十月），頁一〇〇。

## （四）其他傳說

張百萬的傳說，除了上述之外，尚有一些是和他獨佔澎湖北海離島產權的有關傳說：

> 澎湖的珠螺，是本地的特產。將珠螺用鹽巴醃過後會變成另一種風味相當下飯。而珠螺名字的由來，相傳是慈禧太后取的。據說有一次張百萬到北京做生意時，正巧有機會把珠螺送給慈禧太后吃，慈禧太后吃了覺得非常好吃，就很高興，問張百萬要什麼賞賜？張百萬說：「我們赤崁人，靠海為生，而這個螺也是在海裡生長的，我希望回到澎湖後，能站在赤崁最高的地方，舉目所見的海域都能成為我們赤崁人的。」慈禧太后答應了。所以像現在赤崁出產丁香魚，別村的人便不能到那個海域去抓。還有無人島姑婆嶼，盛產紫菜，因為它也是在是赤崁人的海域，所以這個收採權便是赤崁人的，就連離姑婆嶼較近的吉貝島、吉貝人都不敢去採，如果採了，赤崁人抓到便會罰錢！後來這種醃製的螺，慈禧太后就賞了一個很好聽的名字叫「珠螺」。〔註88〕

> 傳說張百萬早年曾被皇帝召見，當時皇帝身羅重疾，病體憊憊，藥石罔效，張百萬曾推荐兩樣澎湖食品，請皇帝嘗試，這兩樣食品，一樣是珠螺蹼，一樣是糊塗粥。當朝皇帝試了這兩樣東西後，病體竟逐漸轉好，從此糊塗粥被賜名為「龍鳳粥」，珠螺蹼則維持原名。皇帝並賜張百萬站在家鄉赤崁的山頂，望向四方，凡目力所及的無人島嶼都歸他所有。〔註89〕

據說張百萬所獲賜的無人島包括今日白沙鄉北海的姑婆、鐵砧、土地公、順風、險礁、塭仔、金嶼、屈爪，甚至連湖西鄉的錠鉤、雞善等嶼，也都在他的權屬範圍之內。這些島礁大部份盛產天然紫菜，遠近聞名。張百萬當年是否曾利用紫菜賺錢，不得而知，但他死後，這些島權全部贈給赤崁村，使赤崁村人至今仍獨擁這些離島的紫菜採收權。

有些人頗懷疑這個傳說，尤其對張百萬曾受皇帝召見一節，更斥為無稽之談，但赤崁村數百年來獨擁北方諸島的紫菜採收權，卻是一件不爭的事實。

---

〔註88〕同註六十一。
〔註89〕同註六十六。

何以張家有此特權，這或許可從張百萬所處的時代來探討。張百萬所處的時代，為明末清初兵荒馬亂的時代，當時的朝廷一再南遷，據明史的記載：西元一六四五年，唐王即帝位於福州；一六四六年，桂王即帝位於廣東盛慶；一六五一年，監國魯王敗走廈門。所以極有可能是這些朝廷退居東南沿海一帶後，張百萬主動或被迫的捐助朝廷軍餉，所獲得的賞賜。以當時張百萬富霸一方的條件，和小朝廷需人扶持的環境，的確不無可能。加上賜土封地本是皇家慣使的作風，且所賜之島盡是些罕無人煙、鳥不拉屎的海外礁島，於己無損，卻有籠絡羈縻鄉紳之效；對受者而言，則有光宗耀祖，誇示鄉里的獨特意義，如此何樂而不為。

## 三、結語

張百萬一生的傳說數量甚多，民間也樂於講述其事，其實張百萬和蔡進士二人，基本上皆是屬於「箭垛式人物」，〔註90〕一個是開澎進士，一個是全澎首富，二人以此獨一無二的身份，吸引了大眾的目光，使得一些不相干的傳說，如射箭般的聚集在他倆的身上，成為擁有最多傳說的澎湖人。

再者，一則故事被講述時，為求故事的精彩緊湊，往往將一些次要的人物及時間等因素抽離掉，以增加其故事性。以張家一族的興衰來說，若據張新芳先生的記載，是由張百萬拾黑金而致富興盛，至其孫輩發生「九犬分屍」之事，方才逐漸沒落，其間約有百餘年的時光，若按事實來一一陳述，則實在不怎麼精彩吸引人，不過就是應了民間的一句俗語：「富不過三代」！但若這些事，全發生在張百萬短短的一生中，那就不一樣了。所以漸漸的，「時間」這個因素被抽離掉、不重要的人物被排除掉，人們將張家百餘年發生的所有的事件，全部濃縮在張百萬的一生當中，使得張百萬的一生充滿高潮起伏，滿足人們聽講、傳述的心態。因此張百萬的許多傳說，應該都不是他的，不過因他全澎首富的身份及特殊的經歷，使得民眾樂於講述他的傳說，並且漸漸加油添醋，將張家所有發生的事，全部匯集於張百萬身上，最後終於形成我們目前所見的「張百萬傳說」。

〔註90〕「箭垛式」人物為民間文藝學術語，指民間文學作品中，常被點名為主角的知名人物。該人物有的純屬虛構，有的以歷史人物為原型，以其形象為中心而發展出大量傳說群、故事群時，該形象人物即被稱為「箭垛式人物」。

## 第三節　其他人物傳說

### 一、其他澎湖人物傳說

#### （一）後寮同仔的傳說

澎湖本地的知名人物，除了前二節所述的蔡進士、百萬張外，「後寮同仔」大概可以算是澎湖的第三號知名人物，他奇差無比的運氣及奇蹟致富的方式，是許多人津津樂道的，他的故事是這樣的：

> 話說在後寮這個地方，有位名叫同仔的人，是個捕魚的。但是這個人的運氣真的很背，每次出海捕魚，不是魚都跑光了，就是魚太多把魚網撐破了。所以只要與同仔一起出海，大多是無功而返。因此大家便懷疑是同仔把這個衰運帶給他們的，就叫同仔不要跟他們出海。同仔聽了很生氣，心想：「每次出海捕不到魚，真的是因為我的關係嗎？」這天，同仔趁大家都不注意的時候，躲到船艙底下，出海時大家也沒注意到同仔就在船上。一出海，果然有大量的魚湧上來，就在大家興奮的拉網時，同仔突然站出來說：「是誰說只要有我同仔在就捕不到魚？」才一開口，「噗通！」一聲，成群的魚把網子撐破了。眾人因此對著同仔破口大罵，一靠岸就對同仔說：「你以後不要來了，你一來我們就沒飯吃。」同仔只好摸摸鼻子，拎著一個破麻袋走回家。走到半路上，同仔突然內急，就隨便找個地方蹲著拉屎。一邊拉一邊心裡就又埋怨起來，手也就無聊的四處亂摸。無意中摸到一些奇怪的石頭，一時好奇就帶了回去。第二天，發現帶回來的石頭竟然是黑金，所以他又回到原來的地方，帶回不少黑金，因此一夕之間，他就變得很富有。〔註91〕

關於後寮同仔的傳說，前半部講他因為運氣不好而受到同伴排擠的經過，大致上是差不多的，比較不同的是在後半段他如何致富的部份。比如有些故事是這麼說的：

> 後寮同仔的命運很不好，會破人家的好事。一旦有人和他在一起，就一定會走霉運。後來他很生氣，想說：「我的命怎麼這麼壞？每次和別人出海，就都捕不到魚！」他走到海邊，要去尋死。這時聽到

---

〔註91〕姜佩君：《澎湖民間傳說》，（台北聖環出版社‧民國八十六年六月），頁一六七。

一個聲音說：「後寮同仔，你的命不該絕。那兒有一些石磚，你趕快搬回去，到時候就會有用。」後寮同仔果然看到一些黑色石磚，很漂亮，就把它們搬回家去。過了一段時間，有人來收購廢棄舊貨，看到那些漂亮的黑磚，一驗之下，原來是黑金，就向後寮同仔購買。從此，他就變成了有錢人。〔註92〕

以前的人都是在討海、釣魚，每艘船都不讓他跟，不讓他跟他就沒工作，因為沒工作不得已只好去撿豬屎給人家做肥料。有一次，他撿滿一簍豬屎後要搭船去後寮，船上的人看見撿豬屎來了，就說：「趕快開走，別讓這最倒楣的後寮同上船。」於是船就開走了。船一開走他就沒辦法回去，所以他就睡在草蓆尾的一個水坑旁邊。睡到半夜發覺水坑邊有白色的母雞和小雞在那邊跑來跑去，他就起來去逗那群雞，逗一逗，母雞和小雞就鑽進水坑的洞裡去，於是他就拿著撿豬屎的鋤頭往那個洞一直挖，結果發現一窟白銀。他不敢給別人知道，就將銀子裝在簍子裡，上面再用豬屎蓋著，每天一樣去撿豬屎、搭渡船，這樣一日一擔，直到那窟銀子都沒有了為止，都沒有人知道這件事。後寮同就這樣富有起來了！〔註93〕

分析〈後寮同仔〉的故事，可以將之分為「把霉運帶給別人的人」及「貧窮漢意外獲鉅金」兩個部分。「把霉運帶給別人」的故事很少見，常見的是「總講不吉利話」的故事，大意是：

有一個人總講不吉利的話，很惹人厭。有一次，他去參加友人的新屋落成宴（或去吃小孩的滿月酒），他母親叮囑他在酒席上不要說話，以免招怨。他在酒席上也真的一言不發，但臨走時卻說，我今天一句話也沒說，如果房子失火（或小孩生病），可不要怪我的口彩不好。

〔註94〕

明人王同軌在他的《耳談》裡記述了一個「把霉運帶給別人的人」，這人到正在打官司的人家，那家就敗訴；到病者家，病人就不治；看人賭錢，坐在誰的旁邊誰就輸錢，大家都討厭他。他向王同軌訴苦，王同軌聽了大笑，不信

---

〔註92〕 金榮華：《澎湖縣民間故事》，（台北中國口傳文學學會‧民國八十九年十月），頁二二三。

〔註93〕 劉大先生於八十七年十二月十三日龍門講述，王祥霖、張詩紋採錄。未刊稿。

〔註94〕 金榮華：《中國民間故事集成類型索引（一）》，（台北中國口傳文學學會‧民國八十九年元月），頁一三五。

其事，非但請他喝酒，還送他巾履等物。不料王同軌平生無病，招待這人之後，卻生了一場大病，幾乎死掉。〔註95〕這則故事後世未見流傳。和「後寮同仔」比較，同仔偷偷登上漁船想證明他沒有把霉運帶給大家卻適得其反的情節，確是比王同軌所述更為生動有趣，「後寮同仔」的故事能在澎湖地區流傳是有其條件的。

第二部分「貧窮漢意外獲鉅金」雖然是一個可以完全獨立的情節，但很少獨立成為一個故事。它是許多故事中採用的一個單元，如在澎湖流傳的〈張百萬〉、〈李土〉、〈泉州李五〉和〈傻瓜丈夫聰明妻〉〔註96〕等故事裡，都可見到這樣的情節，只是所佔份量的比重不同。由於後寮同仔的故事盛行，澎湖因此還產生一句諺語：「你的命不值得後寮同仔」，藉以告訴後人，不要想不勞而獲，因為你沒有後寮同仔的好命。〔註97〕

## （二）福官頭顏回家及假乩童的傳說

澎湖宗教活動向來盛行，連帶的法師、乩童等宗教人物的傳說也不少，而「顏回家」便是眾多法師中法力最高強的一位，他的生年不詳，卒於光緒二十八年，是當時小池角關帝廟的「福官頭」，關於他法術神奇的傳說，有好幾則：

> 小池角關帝廟主神聖帝之元神正直，是遠近馳名的。有一天一位大陸人士來關帝廟遊覽，此人也是學過術法的，當他發現本尊聖帝之元神清明正直之後，心生歹念，即有竊佔之意，於是施法將聖帝元神綑縛，攜往大菓葉搭乘渡船。……此時廟內執事人員，立即前往通知福官頭顏回家，顏回家得到消息……立即往渡船的方向，放出靈符一道……待回到廟中，聖帝之壇下立即來下壇，告訴眾弟子說：「本尊元神已先自行回廟了，該綑綁本尊元神之大陸人士業已死在渡船之內。」

> 有一天，顏回家至合界威揚宮遊玩，威揚宮內各執事人員均不作任何招呼。等到廟裡下壇調營時，顏回家悄悄施法，綁了其中一營軍

〔註95〕王同軌：《耳談・雍野王》（卷五）。

〔註96〕以上故事均見於金榮華：《澎湖縣民間故事》，（台北中國口傳文學學會・民國八十九年十月），頁四十六、一七〇、二〇八。

〔註97〕以上參考金榮華：〈澎湖〈後寮同仔〉故事及其成語略論〉，（澎湖民間文學學術研討會會議論文・民國九十年五月十八日）。

馬，然後就回小池角來了。回家之後，交待家人說：「如果有人來找我，告訴他說我在大礁釣魚。」他拿了釣具，逕往池西外海「後壁仔」的大礁釣魚去了。再說合界威揚宮內，福官調營，咒語唸盡，指法揮遍，就是調不進其中的一營軍馬。這時候有人想起，小池角關帝廟的福官頭顏回家曾經來過，大家立時覺悟，知道是顏回家動了手腳，於是商請各甲鄉老全體身穿祀神禮服，至小池角向顏回家請禮。眾鄉老先到顏回家的家裡去，所得到的消息就是顏回家所交待的那一段話。鄉老們不敢怠延，立即趕到大礁，向顏回家求情，顏回家就向他們說：「無啦！無啦！我無啦！是恁調營調了無夠啦！到去調著預啦！」眾鄉老聽他這樣一說，立時稱謝而回，待鄉老們風塵僕僕的趕回威揚宮時，五營軍馬皆已應調回營了。

顏回家與朋友閒坐，均會在桌子上用一個小碟子，裝一些花生油，用燈心點一盞小燈，作為抽煙的火源……別人要點燃一鍋煙絲總要費一些勁，而他想燃煙，只須銜著煙嘴，把煙鍋遙向燈火一吸，燈火就會自動伸長好幾尺，湊上來燃煙。〔註98〕

顏回家的法術的確令人稱奇，相對於顏回家法術的高深，也有這樣一則「假乩童」的傳說：

從前在西嶼鄉某廟有一個假乩童，某日廟會，各神轎要遠境巡行，這位乩童也裝模作樣的拿了一把劍，踩在轎槓上抖動著身子，隨著神轎出巡。當轎隊在田野繞行時，站在轎槓上的假乩童，看見一頭牛正在偷吃他田裡的蕃薯，便想請掌黑旗的護法去趕那頭牛，於是嘴裡含糊地唸著：「牛食薯，牛食薯。」一面以手中的劍指向那頭牛。護法聽不懂他講什麼，順著他的劍勢看去，就只見一頭牛而已，並不見任何邪穢之物，心裡一直弄不懂假乩童的意思。這位假乩童，看護法並沒有依他的指示去趕牛，心裡一著急，等到神轎接近那頭牛時，這位假乩童就從轎槓上跳下來，直奔那頭牛，拿劍直打在牛的屁股上，一面喊著：「牛食薯，牛食薯。」這時候大家都笑了起來，於是假乩童的技倆也就被拆穿了。〔註99〕

這則故事後來變成笑話流傳，並在當地形成一句諺語：「牛呷薯」，用來取笑

〔註98〕洪敏聰：《西嶼鄉民俗概述》，（自印本・民國八十二年六月），頁二五七。
〔註99〕同註九十一。頁一八四。

假乩童或真相被拆穿的人。〔註100〕

### （三）海盜王及「興仁三通」的傳說

澎湖四面環海，難免有海盜為患，所以也留下了這則澎湖海盜王的傳說：

在幾百年前，大陸沿海有很多海賊。這些海賊時常搶劫商船，然後把搶到的金銀財寶，藏在澎湖的一個小島。他們也和大陸的一些不肖商人勾結，藉以打聽商船出發的時間，以便計算時間進行搶劫。這些海賊的首領姓王，是一個很厲害的人。他不僅四處搶劫，還在澎湖北海的一個小島建立一個軍事基地，大量的訓練海賊，然後用來幫助日本、菲律賓的政權及台灣的土皇帝。後來，鄭芝龍得到這個海賊王的幫助，聲勢非常浩大，幾乎要打敗滿清政府。滿清的皇帝很害怕，就去找算命仙算命。算命的說：「鄭芝龍後面有一個厲害的海盜在幫他，所謂的『成者為王，敗者為寇』，他有皇帝的命格，卻只是個『寇』。所以要打敗鄭芝龍，一定要先破這個海盜王的局，不然最後他一定會稱王。」皇帝聽了算命的話，找了一個風水師去破壞海盜王他家的風水。他家的風水是一隻土龍，風水師把土龍的眼睛挖掉，不久海盜王便死於非命。然後那些海賊就像一盤散沙的四分五裂，沒多久這些海賊不是被消滅，就是被收編為清朝的海軍。所以後來鄭芝龍也投降滿清，不反清復明了。〔註101〕

興仁以蔡進士而聞名，其實興仁一地向來文風鼎盛，出了不少文士，所謂的「興仁三通」便是興仁當地最有名的三位文士：

大家都知道澎湖出了一個蔡進士，是興仁里的人，所以「興仁三通」的第一通——通自己，就是指蔡進士。蔡進士因為確實知道自己有多少本事，所以各項考試都能很順利過，表現突出。所以說他「通自己」。

第二通——通外人。意思是說他對外人說的話都通，對自己就不通。比如說考試，他跟別人說這個會考、那個會考，後來果然都考出來，因此大家都考得很好，可是他自己卻考不好，所以說他是「通外人」。

〔註100〕洪敏聰：《澎湖風情話——諺語集》，（澎湖縣立文化中心·民國八十五年六月），頁一〇二。
〔註101〕同註九十一。頁一六九。

　　第三通——通不知。意思是說他對自己的實力完全不知道。此人為
　　我們張家的祖先——張建勳。他在三十歲的時候,除了開間私塾教
　　書外,自己也下田耕作。有一天他在田裡耕種時,鄰居跑到田裡告
　　訴他,他的學生考上了秀才,正準備來謝師。他想這位學生平常的
　　表現也不怎麼樣,那會考上秀才,就半信半疑的回去看看。結果,
　　一回去便鑼鼓喧天,學生一見到他,連忙走向前來拜謝老師。學生
　　告訴他,憑老師的能力,隨便考也能考的上。這番話給了張建勳不
　　少信心,他想連學生都能考上,自己應該也行吧。於是,他便參加
　　了下一次的科舉,果然順利的考上秀才。所以說他「通不知」——
　　不知道自己有這個實力。〔註102〕

「興仁三通」中的第一通蔡進士,已見前節,此處不再贅言。第二通則不知
何許人也,或許他專通外人,不通自己,以致科考無名、史籍無載。至於第
三通張建勳,字壽石,雙頭跨(今興仁)人,補弟子員。家貧,授徒不計脩
金厚薄。性耿直,前(澎湖)廳俞通判嘗以今之古人稱之。〔註103〕澎湖本地
人物的傳說,自然不止於上述,但由於數量不多,也無明確之主題或特色,
故不再詳述,僅臚列上述幾則作為參考。

## 二、中國歷史人物傳說

　　這類傳說包含了朱元璋、蔡端、魏徵、黃巢、關公(周倉)、包公、鄭成
功、魯班、羅隱……等,總計三十一則的歷史人物傳說。這些歷史人物在民
間都享有豐富的傳說,專著、專論亦復不少,而筆者在澎湖搜集所得,多者
不過三則,少則僅有一則,想由如此稀少的傳說來探討這些歷史人物實在不
甚容易,故筆者僅就手中資料及其相關部份加以說明。

### (一)蔡端、盧遠、李五的傳說

　　連接蔡端、盧遠、李五三人傳說的,為閩南一帶著名的「洛陽橋傳說」:
蔡端造洛陽橋、盧遠毀壞洛陽橋、李五加高洛陽橋。洛陽橋位於福建省泉州
府,為一座歷史悠久的古橋,橋的北端是屬於惠安的洛陽街,南端則屬於晉
江縣的橋南鄉,洛陽橋橫跨廣闊的洛陽江面,是華南一帶著名的大橋。據文
獻記載,洛陽橋原名萬安橋,位於福建晉江縣(泉州)東北方,橋身從宋仁

〔註102〕同註九十一。頁一六三。
〔註103〕林豪:《澎湖廳志》,(台灣銀行經濟研究室‧民國五十二年六月),頁二三九。

宗皇祐五年起造，至嘉祐四年完工，總計十年。據傳此橋為宋代蔡襄（即蔡端）知泉州府時所建。後來，洛陽江因海沙沖積橋基，以致每逢潮水上漲，江水就會淹過橋面，行人必需等潮水退後方能過橋，非常不方便，直到明初，泉州大富翁李五出資加高洛陽橋的橋身，成為當時的一項義舉，也因此更使洛陽橋聞名海內外。同時，幾百年來，也在華南、台灣、澎湖一帶的泉州人之間，流傳著許多有關洛陽橋的傳說。〔註104〕在澎湖所見的其中一則是這樣子的：

> 蔡端的父親心腸很好。他家山後有一間關帝廟的屋頂壞了，裏面的三尊神像天天受風吹日曬雨淋。他看了很不忍心，就拿三頂草帽戴在神像的頭上。這三位神便將他的善行回報天帝。天帝想再次確定他的善心，於是便派七仙女下凡來觀察。七仙女走到一處積水的地方，蔡父看見了就說：「等一下。」然後搬了七塊石頭放在積水的地方，讓七仙女踩著石頭過去，這就是現在的七星橋。七仙女想：這人的確不錯。於是便返回天庭向天帝報告。天帝為了回報他的善心，就命蔡狀元下凡投胎當他的兒子。

> 這天，蔡端的母親懷著身孕坐船過江。上船沒多久，江上的妖怪便興起大風大浪作怪。就在船快要沈沒的時候，天上忽然傳來：「蔡狀元在此，豈容你們作怪？」的聲音。頓時江上變的風平浪靜，船就平安過了江。上了岸，船家問：「這裡可有一位蔡狀元？」沒有人回答。再看看搭船的人，只有蔡母他懷有身孕，而且夫家姓蔡。大家便想：也許這位還沒出世的孩子就是蔡狀元。於是蔡母便說：「如果腹中這孩子長大，真的中了狀元，便要他在這裡建一座橋，以方便大家過江。」

> 後來她果然生了一個兒子，取名叫蔡端。蔡端長大後中了狀元，便想要回來這裡造橋。但是皇帝很欣賞他，想把他留在身邊，不放他回來。於是蔡端便想了一個方法。他在皇宮花園的香蕉葉上，用沾了蜜的筆寫下：「蔡端、蔡端，本省做官。」八字。不久皇帝遊花園，看到葉子上很多螞蟻，而且越來越多，漸漸的形成了一些字。皇帝看了便隨口說出：「蔡端、蔡端，本省做官。」皇上一念出口，蔡端

---

〔註104〕施翠峰：《台灣民譚探源》，（台北漢光文化公司‧民國七十四年出版），頁三十五。

馬上跪下來謝恩。因為君無戲言，所以只好放蔡端回去做官。蔡端

回去沒多久，便建了「洛陽橋」，造福百姓。〔註105〕

這則故事對於蔡端如何造橋，江上何以有妖怪之事都略而不提，其實就筆者

所見，通常在講述蔡端造橋之前，都會先插入一段玄天上帝成道的經過，藉

以交待江中妖怪的由來，比如這個傳說：

從前有一對蔡姓夫婦，他們因為出遠門而要坐船過江。江中因為有

妖怪作祟，所以船走到一半便浪起雲湧，船身開始搖晃。這時，蔡

夫人趕緊跪下來祈求上天說：「如果能平安開到對岸，我將來生下

兒子，將來一定會要他回來這裡造一座橋，讓大家渡江時不再有危

險。」

後來蔡夫人平安渡過了江，也生了個兒子叫蔡端。蔡端十八歲便考

中了狀元，他一直記著母親臨終前交待他的事：「要回到那條江上建

造一座橋。」可是他人在京裡作官，回不去。所以便想了一個法子，

他用蜂蜜在地上寫了八個字：「蔡端、蔡端，回鄉作官。」不久皇上

經過，看到地上有螞蟻在排字，便跟著唸出：「蔡端、蔡端，回鄉作

官。」一旁的蔡端聽到皇上這麼說，馬上跪下來謝恩。皇上起初還

想反悔，但因為君無戲言，只好讓他回鄉作官。

蔡端一回鄉，便要建橋，可是江中有妖怪阻擾無法建橋。這妖怪是

從那裡來的呢？傳說玄天上帝未成神之前是個殺豬的，隔壁是一座

寺廟，寺中的和尚每天早上都要誦經，玄天上帝聽到誦經的聲音，

就起床來殺豬。所以他經過寺門的時候，都會放一些錢在門檻上。

有一天，和尚睡晚了，沒有起來誦經，所以玄天上帝也就跟著沒起

床殺豬。於是他很生氣的去問和尚：「為什麼沒叫我起床？」和尚

說：「你又沒有給我錢，我為什麼要叫你起床？」玄天上帝說：「有

啊！我每天都有把錢放在門檻上。」和尚一看，門檻裡真的有錢，

於是便勸他要多做好事，不要殺生。玄天上帝回答他說：「殺豬有

什麼不好？」和尚聽了就帶他到外面，指著那些豬說：「這些豬都

是你的祖先投胎轉世來的。」玄天上帝不信，和尚就對著那些豬點

名。叫一個名字，就有一隻豬走過來，玄天上帝看了這情形，覺得

〔註105〕同註九十一。頁一七九。

因果報應真是太可怕了，就發誓不殺豬了。並且到海邊把腹部剖開，把腸子和肝丟下海裡去，然後他就成了神，被封為玄天上帝。

可是他丟下海中的腸子變成了蛇，肝變成了龜，修練成妖，在海上興風作浪，殘害百姓。蔡端要造橋，卻因為龜蛇二妖作祟，怎麼造都造不起來。於是玄天上帝便下凡來收服龜、蛇二妖，以便讓蔡端順利造橋。玄天上帝收服龜蛇二妖後，蔡端便開始造橋。可是橋造到一半，經費不夠，於是觀世音菩薩下凡來幫他。觀世音菩薩化成一位漂亮的女子，站在船的中間，告訴大家，只要有人能用錢丟到她，她就嫁給他。很多人去丟，但是都丟不到，所以船上就積了很多錢。她把這些錢全部送給蔡端造橋。就這樣，蔡端在大家的協助下，終於把橋建起來了。〔註106〕

在這二則故事中，蔡端利用螞蟻排字，達成回鄉造橋的心願，其實是民間故事中常見的一種機智表現。〔註107〕大部分的故事在講到蔡端造完橋後便結束了，有的卻還繼續往下講泉州李五官加高洛陽橋的始末。洛陽橋為何要加高，澎湖採集到的故事中並無提到這點，但據彰化所採集到的說法是這樣子的：

後來這座洛陽橋被人弄傾斜，這個人就是盧苑。他媽媽是個掃把星，還帶鐵剪刀命出生。她的嘴巴很壞，她家有十六個人，就有十六雙筷子。每餐飯後她如果洗碗，就拿筷子在灶上面敲擊，邊敲邊說，說她的盧苑：「將來盧苑如果能夠當皇帝或為官，要在屋後種柳樹，屋前種竹，要捉人來打著玩！」她拿十六雙筷子在灶上敲就好似拿三十二枝大棍在灶王爺的頭上敲，灶王爺就去稟明玉皇大帝，說：「盧苑他媽媽用三十二枝的大棍敲我額頭沒關係，還說：『盧苑將來如果能夠當皇帝為官，屋後要種柳樹，屋前要種竹，要捉人去打著玩。這樣怎麼夠讓他為官、當皇帝？』李太白算一算說：「他這是皇帝骨加皇帝命兼皇帝嘴。」玉帝說：「哦！這樣怎麼可以呢？」灶王爺於是奏明玉帝說：「這種人不能讓他出世！要將他換骨！」後來玉帝才派金甲神去將他換骨，把他的皇帝骨換成乞丐骨，換骨的時候他媽媽竟然也知道，就說：「兒啊！兒啊！盧苑我兒啊！你

---

〔註106〕同註九十一。頁一八一。
〔註107〕這是屬於編號一五三四G「因蟻得福」的故事類型。見丁乃通：《中國民間故事類型索引》，（北京中國文藝出版社，一九八六年七月），頁一五七。

身上骨頭被換掉沒關係，嘴巴咬緊一點，嘴巴不要被換掉。」後來盧苑的嘴巴沒被換掉，所以變成皇帝嘴，說什麼就是什麼。有一天，盧苑經過洛陽橋，有人在賣米糕粥，他想要吃碗米糕粥，椅子都坐滿了，沒地方坐，一些挑魚苗的人在那兒吃，盧苑就說：「你們只顧著吃，也不看看你們那些魚苗每尾都翻白快死了，你還只顧吃！」那些人說：「啊！那要怎麼辦？」他說：「你們就趕快去舀一些水來，將魚放在水裡搖晃，每一尾就都會活過來。」所以，從前的魚苗都用水晃，就是這個原因。

盧苑又往下走，看見人家在吃湯圓，他想買一碗湯圓吃，但是又沒地方坐，就說：「唉！你們這些人啊，只知道吃而已，也不知道這橋一直傾斜，你們看到了沒？待會橋就會垮下來，你們看著好了！大家就只顧著吃！」大家趕緊站起來，說：「那現在該怎麼辦？該怎麼辦？你就說它沒事、說它沒事好了！」盧苑說：「好吧！沒事是沒事，但也是快倒、快倒的樣子。」所以洛陽橋到了這時候就傾斜了半邊。洛陽橋傾斜半邊之後，洛陽江水一漲就會沒入水中三尺，所以李五要被押解到京城經過洛陽橋時，就說：「我李五此番到京城，若能夠回來，這條橋我要再加高三尺半，讓它不會再淹水。」

〔註108〕

由於盧苑的「皇帝嘴」使得洛陽橋半邊傾斜，漲潮時沒入水中三尺，所以才會有後來李五加高洛陽橋的故事，李五為什麼要加高洛陽橋，澎湖所採集到的這一則故事很長，它從李五還是個乞丐的時候講起：

從前，有一個釣田雞的人，在回家的路上看到一隻白兔，就一直追著白兔跑。白兔跳進了一個大洞穴，他跟著也進了洞裡，沒想到洞裡有許多銀子，兔子卻不見了。他就用帶在身上的簍子去裝銀子，裝得滿滿的，可是出洞後卻祇剩下兩塊卡在簍子兩邊的簍耳上。他不信邪，連續裝了幾次，但總是祇剩兩塊。後來土地公出來告訴他：「這些銀子是泉州李五官的。你去泉州找他，叫他趕緊來領，我已經幫他看守很久了。如果他不能親自來領，叫他開單子請人來領。」釣田雞的人真的跑到泉州找李五官，但是當地的人說沒有李五官這

<hr>

〔註108〕胡萬川：《彰化縣民間文學集‧故事篇（一）》，（彰化縣立文化中心‧八十七年七月出版），頁一一五。

個人，祇有一個乞丐李五，專門在賭場放賭煙。釣田雞的人去賭場找到李五，向他借三千兩銀子。李五以為是在說笑，自己窮得要命，哪有錢借他。釣田雞的人說，用紙寫上借他三千兩也可以。李五想，既然祇是用寫的，借三萬兩也無所謂，就在一張紙上寫借給他三千兩。那人拿了這張紙就去向土地公領錢。後來釣田雞的人又來借，前後大概借了三、四次。李五雖然不知道是怎麼一回事，但是不肯再寫紙條借給他銀子了。釣田雞的人看自己沒有希望再借到錢，就把事情告訴李五。李五一聽，趕緊去領錢，於是泉州乞丐李五就成了泉州李五官。李五有錢後，大做善事，對別人非常好。一傳十、十傳百，很快的傳到京城國舅廓金龍的耳中。廓金龍算出李五會有一個死罪的案子，聽說他是一個有肚量的人，就打扮成平民到泉州，借住在李五的家裡。李五對他很好，每天都叫家中的僕人拿純金作的盆子給廓金龍洗臉，廓金龍想要試試李五是不是真的肚量很大，就利用這個機會，洗好臉後叫自己的家僕去倒水，暗中交待他故意把金臉盆掉進河中，然後大聲責罵家僕弄丟了這麼貴重的東西，叫他如何向主人交待。沒想到李五很大方地說沒關係。就這樣連續三天出同樣的狀況，李五完全沒有生氣，也沒有不高興的樣子。廓金龍心想李五這個人真的肚量很大，決定將來救他。後來，李五遇到一個桃花劫。有一個官太太，先生長年在朝廷做官，很久才能回來一次，因此和李五有了奸情。有一天，這個官休假回家，晚上睡覺時發現床上方的木板有痰的痕跡，心中懷疑，便問：「誰這麼髒？把痰吐在這裡！」官太太趕緊說：「是我吐的啦！」先生要她再吐看看，官太太試了好多次都吐不到。先生心裡明白是怎麼一回事了，但沒有說什麼，祇是告訴太太他要喝點酒，要太太去酒房舀酒缸裡的酒，然後趁她彎腰舀酒時把她壓到酒缸中淹死了。這個官對外祇是說太太突然死亡，並且把喪事辦得很體面。百日時，李五被料中會帶三牲酒醴到墓前拜拜，因此被逮個正著，用無頭轎送去監獄等待死刑。當轎子抬到洛陽江時，剛好漲潮過不去，李五就說：「如果我能逃過這一劫，我一定把這座橋加高三尺。」這時旁邊有一個賣竹竿的聽見了說：「如果你可以逃過劫數要造洛陽橋，我免費提供畚箕和竹子。」另外賣耙子和繩子的人也都這麼說，因為他們知

道一旦坐上無頭轎，是不可能活著回來的。鄺金龍想要救李五，於是進宮去找他的姐姐，也就是當時的正宮娘娘。他告訴姐姐，李五是一個非常寬宏大量的好人，可是運氣不好，走桃花運，遇到死罪的案子。於是他們想了一個法子，由娘娘假裝生重病，御醫都醫不好，然後向皇帝說，有一個叫李五的死刑犯很會治一些疑難雜症。皇帝答應讓李五來為娘娘治病，結果李五當然把娘娘的病醫好了，也因此被赦免了死刑。李五回到泉州後真的為洛陽橋加高三尺，那些當初說要免費提供材料的人，都因為造橋用了太多材料而破產關店，不過李五沒有真的要他們免費提供材料，衹是和他們開玩笑，最後還是付錢給他們，讓他們的店重新開張。〔註109〕

有關洛陽橋的傳說其實不少，但澎湖所見僅有這三則，故筆者不擬多談。前面引文中曾提到盧苑「皇帝嘴」的傳說，澎湖也有他的傳說。盧苑，他是唐末五代初期的人（西元八二三～九〇九年），〔註110〕在民間的傳說中有的作盧遠、羅隱、劉遠（台語音近），在歷史上是個真實的人物，在當時頗負詩名，尤其擅長詠史詩，但因恃才傲物、語多譏諷，得罪了許多達官貴人，以致屢試不中，窮困潦倒一生。以他為主角說他是「皇帝嘴、乞丐身」的這型故事流傳甚廣，華東、華南各省都有大同小異的說法，〔註111〕澎湖也不例外，澎湖所採集到的二則是這樣的：

羅隱是「皇帝嘴、乞丐身」。他本來是皇帝命，結果命格給他姑一句話破壞了，不能做皇帝，但嘴說會靈。命格怎麼給破壞的呢？有一天，他說：「人都要平等」。他姑應他：「人若平等，誰來扛轎？有坐轎的就有扛轎的。」就這樣一句話把他的命格破壞掉了，羅隱自己並不知道。有一日，羅隱看見花生長在樹上就說：「你應該生在地下，才不會被人摘光光。」話一說完，花生就鑽進地下了。〔註112〕

有一個守寡的女人，靠種花生生活。那時候花生開花結果都在地面上，有一年，花生都被鳥吃光光，根本收不到什麼，她見了就在現場哭，說今年沒收成了。這時有一個人經過那裡，問明她哭的原因，

---

〔註109〕同註九十二。頁一七〇。

〔註110〕薛居正：《舊五代史》，（台北藝文印書館），頁一一二。

〔註111〕金榮華：《金門民間故事集》，（台北中國文化大學・民國八十六年三月），頁二〇四。

〔註112〕同註九十二。頁一七〇。

就對花生說：「好，以後頂開花，下結子。」就是花開在地面上，但
鑽到地下去結子。從此花生就長在地下面了。〔註113〕

或許是澎湖盛產花生的緣故，所以採錄到的二則都是有關花生何以地面開花，
地底結果的傳說。在第一則引文中，羅隱由於姑姑的一句話，便破壞了他的
皇帝命格，乍看之下會覺得羅隱很冤枉，只因為姑姑的一句話，命格就被破
壞，實在很不值。但若更深一層去想，一個為政者應有恢弘的氣度，努力為
百姓謀取最高的福利，若因此而怕卑賤的工作乏人去做，便太自私了，不配
做萬民之主。唯有能真正體察民心、愛護百姓的人，才能稱為人民的皇帝。
因此，故事雖然荒誕，寓意卻非常深遠。

　　此外，這則故事提到羅隱的姑姑說：「人若平等，誰來扛轎？有坐轎的，
就有扛轎的。」但是就筆者所知，這個情節一般是用在「為什麼沒有人拜土
地婆」的故事。原來土地公可憐民間窮人多，想要去求玉皇大帝把百姓都變
成有錢人，但土地婆馬上回他一句話：「大家都有錢了，誰來扛轎？有坐轎的，
就要有扛轎的。」由於土地婆的壞心，使得人間有很多窮人，所以以後拜拜
大家就再也不拜土地婆了。民間故事中，像這種情節互相套用的例子很多。

## （二）朱元璋的傳說

　　在民間同樣擁有「皇帝嘴」傳說的人，為明朝的開國皇帝朱元璋，民間
一般稱他為「朱洪武」或「臭頭洪武君」，筆者幼時所聽到「為什麼花生長在
地下」的傳說，便是附會在朱元璋的身上。在澎湖也流傳著朱元璋「皇帝嘴」
的傳說：

朱洪武是個牧童，給他舅舅做長工，幫忙看牛。有一天，他牽牛去
飼，和別的牧童一起玩操練兵馬的遊戲。朱洪武是真命天子，他操
練兵馬，廟裡的營兵營馬就真的來了。來了要怎麼辦，沒什麼好犒
賞的，朱洪武就把他的那條牛殺了給營兵吃。兵馬操練完以後，其
他孩子各自牽牛回去。但朱洪武的牛被殺來吃了，祇剩一張連頭帶
尾的牛皮。他就把牛皮放在水中說：「牛啊！牛啊！要是我舅舅來，
你就浮起來哞三聲。」然後回去告訴他舅舅，牛在潭裡，拉不上來。
他舅舅不信，叫朱洪武帶他去看，到了潭邊，那牛就如朱洪武說的，
頭尾浮起來哞了三聲才又沉下去。朱洪武的舅舅見了，也不能責怪

---

〔註113〕同註九十二。頁一七一。

朱洪武把他的牛牧丟了。〔註114〕

有一天，天氣很熱，朱洪武躲在苦苓樹下遮太陽。他是個臭頭，苦苓子掉下來打在頭上很痛，就對苦苓樹說：「壞心，你死過年！」因為朱洪武是皇帝嘴，說話很靈，所以祇要快過年時，苦苓樹便會死掉，沒半片葉子，過了年到春天才再長出來。〔註115〕

朱元璋生平傳說甚多，「皇帝嘴」的故事僅是他眾多傳說中的一類，這些傳說中，有的有歷史的根據，有的只是民間的穿鑿附會，如前引第一則故事，便是屬於編號一○○四「殺牛宰鴨欺財主」的類型故事，這型故事的大意主要是說：

牧童替財主放牧牛群，因為餓得受不了，就把其中一隻牛殺了吃掉，然後把牛尾插進山縫，告訴財主牛鑽進山了。由於山神的幫助，財主去拉牛居然拉不動，而且還聽見山縫裡有牛叫聲，只好相信牧童所說，懊惱的回家。〔註116〕

此類型故事不僅為中國所有，在世界各地丹麥、冰島、瑞典、印度、美國、巴西、阿根廷、土耳其、非洲……都有它的蹤跡，是一則流傳很廣的世界型民間故事。〔註117〕不同的只是細節部份，如牛變成豬、羊、鵝，有的地方則是將尾巴插進泥裡或樹上。台灣所見，大都是將尾巴插進水裡，這是因為地理環境不同的緣故。除此之外，中國的故事中，還加入了朱元璋「皇帝嘴」的因素，在澎湖則又以犒賞「營兵營將」取代了飢餓的因素。在澎湖的信仰中，每座寺廟都會安奉「五營」，一則作為廟中主神的兵馬，二則保鄉衛民、驅逐邪魔外道的入侵。〔註118〕由於朱元璋「皇帝嘴」的召請，所以廟中的神兵神將便一一現身，接受他的犒賞。形成一個很有澎湖地方特色的傳說。

若進一步推測這種「皇帝嘴」傳說的形成，應該是人民在困苦的環境中，非常盼望英雄人物的出現，以救他們於水火之中，若英雄人物真的出現了，便將全副希望託付在他們身上，而在不知不覺中將他們神化了，說他們天賦

〔註114〕同註九十二。頁二十八。

〔註115〕同註九十二。頁一五一。

〔註116〕金榮華：《中國民間故事集成類型索引（一）》（台北口傳文學學會‧民國八十九年七月），頁一○○。

〔註117〕Stith Thompson,the Type of the Folktale (Helsinki, Academia Scuentiarun Fennica, 1973), P348.

〔註118〕請見第二章第三節「澎湖的人口來源與民間信仰」（二）「宮廟與聚落」。

異秉、有言必應、是真命天子。漸漸的，一些比較特殊的農產、植物，便附會在他們的身上，說這些植物之所以會這個樣子，都是由於他開了「皇帝嘴」的緣故呀！

## （三）關公及周倉的傳說

三國名將關公，是一位家喻戶曉的人物，由於他的忠義勇武，民間說他死後成神受封為關聖帝君，是台澎民間很受敬愛的一位神明。有關他成神以後，斬妖除魔的傳說不少，此處僅就他未成神前的傳說加以探討。此一部份只有二則傳說，都和周倉有關：

> 關公和周倉比誰的本事大，打了三天三夜不分輸贏。最後兩人比力氣，關公就去買一隻雞，在雞身上拔了一根毛，問周倉說：「你看，是雞毛重還是雞重？」周倉說：「當然是雞重啊！」「好！」關公說：「那我丟雞，你丟雞毛。祇要我丟多遠，你也丟多遠，就算我輸你贏！」說完就把雞向前一丟，差不多丟了三十公尺。可是周倉怎麼丟都不能把雞毛丟得很遠。於是關公大笑：「哇哈哈哈！」向周倉說：「究竟是你有力還是我有力？」所以周倉就認輸，做了關公的隨從。
> 〔註119〕

> 周倉是關公的部屬，傳說他的腳下有七根羽毛，能使他到處飛。可是由於關公妒嫉他會飛，所以就在某一天，趁著周倉睡覺的時候，偷偷的將周倉腳底的七枝羽毛剃掉，讓他不能飛。有一次，關公騎著赤兔馬上戰場打仗，因為誤中了敵人的陷阱而掉入了黑洞中。這件事傳到了周倉的耳中，周倉便自信滿滿的說：「這還不簡單，我只要飛下去將他拉上來就好了。」說完，便奮不顧身的跳下去救關公。可是因為周倉完全不知道自己腳下的七枝羽毛已經被關公偷偷的剃掉了，所以他往陷阱一跳的結果，便是和關公一起死在陷阱中。
> 〔註120〕

周倉不見於正史，他的形象是在《三國演義》中塑造出來的，他的傳說大都和關公有關，其中以和關公鬥智佔大多數。這類故事的情節大抵是關公和周

---

〔註119〕同註九十二。頁二十一。
〔註120〕蔡宗正先生於八十七年十一月八日竹灣大義宮講述，李書瑩、方心舫採錄，未刊稿。

倉初遇，關公提議以扔稻草或丟雞毛為比試項目，結果是周倉不能把一根稻草（雞毛）丟出去，但關公可以把一捆稻草（雞毛撢子、一整隻雞）丟出去，於是周倉對關公心服口服，願意作他的隨從。其實這些比試項目，並不是真的在比力氣而是在比智巧，一根與一捆、輕與重、臂力的大與小在這裡形成了似是而非的邏輯，突顯了關公智者的形象，也襯托了周倉缺乏智謀憨直的形象。〔註121〕

此外，傳說周倉健步如飛，關公騎赤兔馬可以日行千里、夜行八百，而周倉為關公扛大刀，照樣也能日行千里，夜行八百，緊緊的追隨在關公之後，其秘密在於他腳底的一撮腳毛，讓他可以如此健步如飛。而關公會去拔周倉的腳毛，據洪淑苓的研究是因為「關公收服周倉的初始，二人之間呈現的是緊張對立關係，周倉心猶所不服，關公也未必全然放心，固有此防範之舉。」〔註122〕所以第二則引文中，說周倉會飛，恐怕就是根據這種說法，發展出來的故事。

### （四）包公的傳說

包公是歷史上著名的清官，加上後來戲曲小說的渲染，遂成家喻戶曉的包青天。近幾年，更由於電視台一再拍攝包青天的連續劇，使得包公名揚海外，而在民間也有不少包公的傳說。在澎湖採集到唯一的一則是這樣的：

> 宋朝的時候，沒有神仙願意下來轉世作皇帝，因為統治天下也是很辛苦的呀！玉皇大帝祇好通知眾仙開會，看要派誰去當宋朝的皇帝。有個耳聾的大仙聽不到，後來知道了才來，大家都排好位置開會了，他笑咪咪地對大家說他來晚了。這時在他旁邊的一位大仙說，他笑咪咪的，讓他去當皇帝吧！玉皇大帝看他真的笑咪咪，就派他下凡。結果要投胎時他哭了三天三夜，不敢出世。玉皇大帝安慰他，說要派文曲星和武曲星給他。文曲星是包拯，武曲星是狄青；包拯定國，狄青安邦，這樣他才下來做皇帝，就是宋太祖。包拯的臉本來是狄青的。狄青武將是黑面，包拯文官則是白面，可是沒辦法呀！武將要安邦，安外邦，若是黑面，那些蕃邦的女子看他那麼醜，黑漆漆的，怎麼打也不會太平，所以才把包拯的臉給狄青，狄青的臉換給

---

〔註121〕洪淑苓：《關公民間造型之研究》，（台北台灣大學‧民國八十四年五月），頁二○三。

〔註122〕同前註。頁二○九。

包拯。〔註123〕

傳統戲曲中，常有番邦女將見宋將英俊而陣前招親，雙方罷兵的情節，這則傳說便採用了這種說法，所以為了宋朝的和平，所以只好把包拯的白臉換給狄青，狄青的黑臉換給包拯，這實在是一則很有趣的說法。但其實宋太祖趙匡胤在位時間為西元九六〇～九七六年，包拯（九九九～一〇六二）狄青（一〇〇八～一〇五七）皆在其死後出生，並非同朝君臣。

　　據丁肇琴的研究，包公的臉之所以是黑臉，共有「托夢說」、「換頭說」、「染黑說」、「塗黑說」四種說法，〔註124〕而這則傳說是屬於「換頭說」的一種。這種「換頭說」流傳在江蘇揚中縣及靖江縣等地。但這二地的傳說，和澎湖的又不大相同，揚中縣的故事是說他們不肯下凡，玉皇大帝一生氣，把他們的頭斫下來扔到凡間，他們趕緊下凡搶頭，忙中有錯，彼此搶了對方的頭，因此投胎後包公成了黑臉，狄青變成白臉。靖江縣的故事是說，包公和狄青在天上比賽把頭卸下來互拋而用頸項去接住，正當他們用頸項接住對方的頭時，玉皇大帝的聖旨到臨，要他們速速下凡投胎，匆忙間他們忘了把頭換回，因此包公變成黑臉，狄青變成白臉。〔註125〕在大陸所見的「換頭說」，並無類似澎湖這種「招親」的說法，這應該是受戲劇影響的結果。

## （五）甘羅的故事

### （一）

有一個叫戚程程的人，以網魚為生，平時常在船上吹簫。他吹簫的聲音，讓人聽了全身舒暢。有一天，他去江中網魚，但是網子破了，便坐在船上休息吹簫。這時宓相爺的千金宓月娥要去廟裡燒香，經過江邊，聽到動聽的簫聲，又看到吹簫的人用手擦汗，就想送一塊手帕給他，但是距離太遠，手帕太輕，丟不到，於是拔下髮簪包在手帕中丟了過去。戚程程被髮簪掉下的聲音嚇一跳，回頭正好看到美麗的宓小姐。戚程程自從看了宓小姐後就得了相思病，吃不下飯，睡不著覺。戚程程的母親祇有他一個兒子，看到兒子一天比一天消瘦，心裡很著急，就問戚程程到底是什麼事？戚程程的母親很聰明，

〔註123〕同註九十二。頁二十七。
〔註124〕丁肇琴：《俗文學中的包公》，（台北文津出版社・民國八十九年四月），頁七十三。
〔註125〕同註九十二。頁三。

當她知道戚程程害了相思病，便向他要了宓小姐給的那條手帕，在手帕上繡了一條船，船上有一個人在吹簫。她帶著那條手帕到宓相爺的家去賣花，宓小姐的婢女聽到賣花聲就下樓來把她叫住，讓她拿花去給宓小姐看。宓小姐看到花籃中的手帕，心想：「這明明是我的手帕，怎麼會在她那裡，而且還繡了漁船和吹簫人？」問戚母手帕是哪裡來的。戚母看小姐的樣子，知道是她要找的人，就說明事情的經過。她說，她不敢要求小姐嫁給她的兒子，祇是請求她想辦法救救她的兒子。宓小姐是個好心腸的人，聽了以後回答說：「你不用煩惱！既然我知道這件事了，會告訴他送手帕的原因，讓他不要再為我相思！」於是她定了一個日子，約戚程程到城隍廟見面。戚母回家告訴戚程程，戚程程一高興，病都好了。

在約定的那一天，天還沒有亮，戚程程就開始走路出發，可是他大病剛好，又走了太遠的路，到了廟裡，竟然累得在廟中的神桌下睡著了。到了約定的時間，宓小姐連續燒過三爐香還沒見到戚，第三爐燒到一半時，廟祝問她，香一爐一爐的燒，是不是有什麼重要的事。宓小姐不好意思地說沒有，就走了。可是，宓小姐走了不久，戚程程醒了。他從神桌下出來，問廟祝有沒有一個小姐來燒香。廟祝一聽，急著說：「糟糕！原來是你約的。都怪我這老人多嘴，我看她香一爐一爐的燒，問她是不是有什麼重要的事，她不好意思就走了！」戚程程聽了，又急又懊惱，緊握拳頭不斷地搥自己的胸口，不料一口鮮血吐出來，噴在香爐上引起大火，燒了城隍廟，也燒死了他和廟祝。

戚程程的母親去火場祇撿到戚程程脊椎骨的三節骨頭。說也奇怪，祇要上三支香，這三節骨頭便會發出吹簫的聲音。因此，有錢人家遇到結婚或生日等喜事，常會來向戚程程的母親租這三節骨頭。戚母也就靠這三節骨頭過日子。

有一天，宓相爺過生日，家人去租了這三節骨頭在宴會上奏曲。宴會結束後，僕人打掃場地，其中一人看到桌上的三節骨頭，就點了三支香說：「戚程程先生，吹一個北曲來聽聽吧！」於是三節骨頭又響起來了。可是僕人打掃完畢離開時，香沒有燒完，三節骨頭還在

發出簫聲，晚上聽起來特別淒涼，宓小姐在房間聽到了，下樓來跟著簫聲走進大廳，看見在桌上的三節骨頭，想到戚程程是為自己而死的，悲傷地流下了眼淚。淚水滴在三節骨頭上，骨頭立刻裂開，簫聲也立刻停止了。第二天，不管怎麼點香怎麼拜，骨頭再也不發出聲音。戚母知道後放聲大哭，因為兒子死了，是這三節骨頭讓她能維持生活，現在骨頭也「死」了，她怎麼生活呢？相爺聽了，就叫她安心在相府住下來。僕人則把三節骨頭丟在後花園的東北角。

相府的後花園一向祇種花，但是不久在東北角長出了一株果樹，結了一個油柑。有一天，宓小姐看到這個漂亮的油柑，摘下來吃了。一兩個月後，她的肚子越來越大。相爺覺得女兒沒有出嫁就大肚子，非常沒有面子，小姐把吃油柑的經過說給相爺聽，再三保證自己沒有越軌的行為。相爺聽了覺得事情奇怪，祇好等過一段時間看情形再說。十個月後，宓小姐生下了一個男孩，相爺想，這是女兒因為吃油柑而生的孩子，因此替男孩取名甘羅。

（二）

這一年，甘羅八歲了。有一天皇帝作了三個夢，第一個夢是：有一座山本來好的，忽然間崩了一個角。第二個夢是：一個鏡子忽然裂成兩半。第三個夢是：有一池水本來滿滿的，忽然間全部乾掉了。皇帝怎麼想都想不出來這三個夢是什麼意思，於是叫甘羅的爺爺也就是當時的宰相來解夢。宓相爺實在想不出來是什麼意思，皇帝便給他三天的時間，如果想不出來就要處斬。宓相爺回家想得吃不下飯，也睡不著覺。過了兩天，甘羅對他說：「阿公！你為什麼從朝廷回來後都不吃飯？發生了什麼事嗎？」宓相爺心裡想：「你才八歲，告訴你也沒用！」因此沒有出聲。甘羅又說：「阿公！你告訴我吧！你沒聽過嗎？人賢是不分老少的。」宓相爺聽到八歲的小孩竟然能說出這樣的話，就把事情告訴他。沒想到甘羅聽了說：「啊！這簡單嘛！山崩就是見太平——這邊可以望那邊；鏡破則是兩分明——前後都看得見；池乾龍身現——那是太子快出世了。」宓相爺聽了，立刻上朝把甘羅說的告訴皇帝，皇帝叫他第二天把甘羅帶來。

第二天甘羅隨著祖父上朝，皇帝摸著他的頭稱讚說：「真是宰相頭！」

沒想到甘羅接著說:「謝聖恩!」皇帝趕緊解釋說,他的意思是說他將來有可能成為宰相,甘羅又說:「君無戲言!臣不敢隨便奏謝!」於是甘羅就作了所有宰相的頭頭,連他的爺爺也歸他管。

(三)

甘羅年紀雖小,嘴巴卻很壞,不管別的宰相年紀比他大很多,每一個人都被他罵得很慘。他又很愛整人,有一次,他用香蕉捏成一坨大便的樣子,放在金鑾殿的桌上,旁邊還寫:「屎我放,我敢吃!」皇帝上殿後見了,很生氣地說:「誰這麼大膽!」文武百官都嚇得不敢出聲,甘羅則走上去唸那六個字:「屎我放,我敢吃!」皇帝正在氣頭上,聽見甘羅這樣唸,便算是甘羅說的,要甘羅把那坨大便吃掉,甘羅就真的吃了。皇帝覺得他很忠心,十分稱讚。過了一段時間,甘羅在皇帝退朝後真的去金鑾殿大便,仍是在旁邊寫:「屎我放,我敢吃!」第二天早朝時,他故意晚一點到,有一個奸臣看到上次的事情也想要邀寵,竟去把真的大便吃掉了。甘羅自己知道得罪了很多人,總有一天會被他們害死。有一天早上開宰相會議,他對大家說:「我將來死要死在金鑾殿,葬要葬在太子山。」那些宰相都覺得他胡說八道。不料,有一天他告訴皇帝他的心有七竅,看了會讓人覺得很舒服。皇帝說,心打開不就死了嗎?甘羅說不會,他母親心情不好時,就會用刀把他的胸膛割開一點看看他的心,然後用針縫起來,再把他抱到腿上用手拍三下說:「心肝兒子醒來吧!」這樣他就會醒過來了。皇帝以為是真的,就拿刀來開看甘羅的心,但是祇見鮮血一直冒出來,哪有什麼七竅?皇帝急忙叫人用針把傷口縫起來,然後抱到自己腿上拍三下說:「心肝兒子醒來吧!」可是不管拍幾下,甘羅都沒有醒來,他真的死在金鑾殿下了;因為皇帝叫他心肝兒子,所以就把他葬在太子山。〔註126〕

這則甘羅的故事,是二個故事的結合:(一)的部份是七四九 B「不見黃河心不死」的故事類型,後半才是甘羅的故事。其中甘羅作弄宰相一節,則屬於一五六八 A**「頑童吃甜點心」的故事類型。〔註127〕

澎湖這則甘羅故事,最特殊的一點是對「甘羅」名字的由來做了說明,

〔註126〕同註九十一。頁十四。
〔註127〕同註一〇七。頁五十一。

原來甘羅是宓小姐吃「柑」所生下來的孩子，所以才取名為「甘羅」。這個說
法是其他地方所沒有的，當是在閩南語地區，所產生的情節。在台語中，「柑
郎」與「甘羅」音近，若依講述者的發音應記為「柑郎」，但若按故事內容觀
之則應記為「甘羅」，故「當是初名『柑郎』改名『甘羅』」。〔註128〕在彰化，
也有一則甘羅的故事，在講到甘羅出生時的情形，是這麼說的：

> 經過十幾天後，小姐就生了，生出一個男孩，嘴裡竟然含著一片橘
> 子。
>
> 他出生時，嘴裡含著一片橘子，所以叫他甘羅。〔註129〕

這則故事的整理者，一樣是將名字定稿為「甘羅」，但從上下文來看，用「柑
郎」可能更貼近講述者的原意。雖然就講述者而言，反正「甘羅」、「柑郎」
的音差不多，記成什麼並沒有差別，但就整理者而言，此處是要加以說明的，
不應隨便就將「甘羅」整理進去。不然，若是不懂台語之人看此故事，豈不
是莫名其妙，想破頭也無法將橘子及甘羅的名字聯想在一起。不過也由此可
知，台灣地區的甘羅故事，在情節上，的確是增加了其母「吃柑橘」生子的
一段敘述，然後利用「甘羅」、「柑郎」的諧音，將甘羅的命名與柑橘結合在
一起，以此作為甘羅命名的由來，成為台灣地區特有的一個情節。

## （六）能久親王

　　能久親王，全名為北白川能久，以其為日本皇族，故在姓下加「宮」字，
為北白川宮能久，為日軍初入台之近衛師團長。傳說能久親王橫死台灣，但
真正死亡的原因、地點、時間至今仍是個謎，故韓石麟先生說此事為「台灣
史上缺佚的一章」。〔註130〕在澎湖，意外的採集到一則能久親王橫死的傳說，
其中提到能久親王的死亡地點——嘉義朴子腳，是其他資料所未曾見過的，〔註
131〕很有參考價值。

---

〔註128〕同註九十二。頁十七，註釋一。

〔註129〕胡萬川：《彰化縣民間文學集（三）》，（彰化縣立文化中心，民國八十四年七
　　　　月），頁四十三。

〔註130〕韓石麟：〈台灣史上缺佚的一章——記日本北白川宮能久親王之死〉，（《台南
　　　　文化季刊》，民國四十一年四月，第二卷第二期），頁三十九。

〔註131〕目前所知道的地點有：一、嘉義義竹鄉。二、日本東京。三、高雄。四、新
　　　　竹。五、彰化王田。六、台南善化。七、嘉義民雄。八、嘉義。九、蕭壠（今
　　　　台南至高雄間的車路墘）。十、中壢。十一、虎尾。據邱炫昱：〈幾種「能久
　　　　親王橫死的傳說」之探討〉，（《台北文獻》，民國八十一年三月，直字第九期），
　　　　頁五十三。

日本有一個親王，叫做北白川宮能久親王，他是日本的皇族，有中將身份。日、清戰爭以後，我們臺灣要割給日本統治，最初就是由明治天皇派這個親王，從基隆澳底登陸的。由於他先來從事軍事上的接收行動，後來樺山總督才能順利來台北做第一任的總督。

北白川宮上陸以後，日本軍一直向南而下。那時北白川宮坐著一頂藤轎，前面一個人扛著，後面兩個人扛著，四週有許多配備了刀、槍的日本兵做保鑣。北白川宮就坐在轎上，隨軍南下，來到嘉義的朴仔腳。朴仔腳有一個有勇氣的武人，他知道臺灣被日本仔侵略，以後我們得做日本的屬民，那是很羞恥的事情。他想：「嗯！明天北白川宮必定會從這條路經過。」就向鄰居說，明天要去割掉那個親王的頭。他事先已經砍好了一枝丈餘長的青竹，請鐵匠打了一隻可以勾住脖子的割刀，將割刀接在竹竿的一端上。他向鄰人說：「沒關係！不用為我擔心。」他說自己若因此而死去，不能再回來，也是為了臺灣人，要大家不用傷心。鄰居說：「嗯！這人要拼命了！親王坐在轎子裡，保鑣又那麼多，他這一去，馬上會被日本仔用刀、槍殺死的。」「這穩死的！穩死的！」他們述說著日本人的厲害：那些士兵看到林投樹叢，就對著整個樹叢，用槍「呼！呼！」地打著，試探樹欉裡面有沒有躲著伏兵。他事先選好一條水深而流急的溪，躲在溪腹的林投樹後面。日本兵來到那裡，就用步槍猛打林投樹。他險些被一顆子彈打中。聽到槍聲，他判斷：「喔！這樣就沒錯，日本人果然來了。」能久親王的轎子真的從這個地方經過了。他就從林投樹後面往前跳到牛車路上。他平時勤練跳躍，可以向前跳十尺，向後跳十尺，手腳很敏捷。他跳出後，立足於轎前，將竹刀伸入轎門內，「呃」的一聲，勾下能久親王的頭。能久親王原想：搶打林投樹，並沒發現有人影顛動的跡象。由於坐得累了，那時他也許正在轎裡打盹。保鑣們原以為林投樹後沒有人了。因為如果有人要來劫殺，也得十數個人一起。那麼多人躲在林投樹後，一定有人會被槍彈打中，所以一定被我方察覺。不會有人那麼勇敢地自己一個人來劫殺。他們萬萬沒想到真會有人單獨前來冒險，因此根本來不及反應。